WITZ & QUIZ

(Hjördis Fremgen (Hrsg.))

Wie denn? Wo denn? Was denn?

[250 knifflige Rätselgeschichten]

Hjördis Fremgen (Hrsg.)

Wie denn? Wo denn? Was denn?

[250 knifflige Rätselgeschichten]

Gero Appelt

RAVENSBURGER BUCHVERLAG

Mit Vignetten von Ekkehard Drechsel

Originalausgabe als Anthologie
als Ravensburger Taschenbuch
Band 3004
erschienen 1996

© 1992 Ravensburger Buchverlag
Erstmals in den Ravensburger
Taschenbüchern erschienen 1992
(als RTB 1818)

Quellennachweis siehe Seite 251

Umschlagillustration: Heinrich Paravicini

 RTB-Reihenkonzeption:
Heinrich Paravicini, Jens Schmidt

**Alle Rechte dieser Ausgabe
vorbehalten durch
Ravensburger Buchverlag**

**Gesamtherstellung: Ebner Ulm
Printed in Germany**

6 5 4 3 2 1   01 00 99 98 97 96

ISBN 3-473-53004-2

INHALT

?	Rätselgeschichten aus dem Alltag	9
⚽	Rätselgeschichten aus Familie, Schule und Sport	31
🌱	Rätselgeschichten für Tierfreunde, Hobbygärtner und Landwirte	57
🧳	Rätselgeschichten für Reisende und Ausflügler	81
🌐	Rätselgeschichten aus fernen Ländern und vergangenen Zeiten	103
1×1=?	Rätselgeschichten für Rechenkünstler	133
Ist doch logo!	Rätselgeschichten für Schnelldenker	155
🔍	Rätselgeschichten für Hobby-Detektive	177
!	Lösungen	207
	Quellennachweis	251

Rätselgeschichten aus dem Alltag

Herr Struwwelkopf beim Friseur

Herr Struwwelkopf fuhr durch eine fremde Stadt. Da beschloß er, hier zu halten und sich die Haare schneiden zu lassen. Er fragte einen Jungen nach einem Friseurladen.
„Wir haben nur zwei Friseure in der Stadt", sagte der Junge. „Der eine hat sein Geschäft am Nordende der Hauptstraße, der andere am Südende."
Herr Struwwelkopf ging die Hauptstraße in Richtung Norden, bis er den einen der beiden Läden entdeckte. Drinnen sah es aus, als ob seit Monaten nicht mehr saubergemacht worden wäre. Überall am Boden lagen abgeschnittene Haare. Der Friseur hatte eine Rasur dringend nötig, und sein Haarschnitt sah fürchterlich aus. Herr Struwwelkopf ging in die andere Richtung, bis er den anderen Laden erreichte. Drinnen sah es sauber und einladend aus. Der Boden war gefegt. Der Friseur war sauber gekleidet, frisch rasiert und hatte einen ordentlichen Haarschnitt.
Warum ging Herr Struwwelkopf dennoch zum ersten Friseurladen zurück und ließ sich dort die Haare schneiden?

Die schlauen Friseure

Warum schneiden die Friseure in Los Angeles lieber zehn dicken Männern die Haare als einem mageren?

Der Student

Ein armer Student hat es sich angewöhnt, aus den Stummeln von drei Zigaretten eine neue Zigarette zu drehen. Er hat noch neun ganze Zigaretten in seiner Schachtel.
Wie viele Zigaretten kann er mit seiner Methode noch rauchen?

Wieviel Uhr ist es?

Ein Student, der am nächsten Tag ins Examen steigen muß, kann vor lauter Lampenfieber schlecht schlafen. Immer wieder schreckt er hoch, knipst seine Nachttischlampe an und sieht auf die Uhr. Als er wieder aufwacht, versagt die Lampe den Dienst. Offenbar ist die Birne durchgebrannt.
Was tun? Zwar hat die Taschenuhr Leuchtzeiger, aber beide sind gleich lang, so daß der Stunden- nicht vom Minutenzeiger zu unterscheiden ist. Der eine Zeiger weist auf die Zwölf, der andere auf die Eins. Ist es nun fünf Minuten nach zwölf oder schon ein Uhr?
Bald darauf weiß der Student, wie spät es ist. Keine Turmuhr hat geschlagen. Auch sonst ist nichts geschehen; denn er ist nicht aufgestanden, um die Deckenlampe einzuschalten. Allein seine Uhr half ihm weiter!

Eine schwierige Kundin im Stoffgeschäft

Ballen um Ballen hatte die Verkäuferin Hildegard der Kundin nun schon vorgelegt, und sie wurde schon langsam ungeduldig. Wenn das so weitergeht, komme ich nicht mehr rechtzeitig in den Stenokurs, dachte sie gerade, als die Kundin mit einem Lächeln sagte: „Diesen hier nehme ich, Fräulein! Bitte schneiden Sie mir 20 Meter ab! Dann teilen Sie mir bitte den 120 Zentimeter breiten Stoff in sechs gleichmäßige Bahnen zu je 20 Zentimeter!"

Rasch machte sich Hildegard an die Arbeit. Dabei schielte sie auf die Uhr: Noch genau zwölf Minuten bis Ladenschluß. Dabei benötigte sie für das Einpacken bestimmt zwei Minuten und für einen Schnitt durch die ganze Länge der Stoffbahn ebenfalls zwei Minuten. So sehr sie sich beeilte, es wollte ihr nicht gelingen, den einzelnen Schnitt in weniger als zwei Minuten zu erledigen. Trotzdem wurde Hildegard genau um 18 Uhr mit dieser Arbeit fertig.
Wie ging das zu?

Die betrogene Kaufmannsfrau

Einmal trat eine feingekleidete Dame zu einer Kaufmannsfrau in den Laden. Sie kaufte nur vom Besten, und als die Kaufmannsfrau zusammengerechnet hatte, mußte die Dame 24 Mark und 10 Pfennig bezahlen. Sie zog einen Fünfzigmarkschein aus der Tasche, und die Kaufmannsfrau mußte ihn bei ihrem Nachbarn wechseln lassen. Sie bekam dafür zwei Scheine zu je 20 Mark und einen zu 10 Mark. Die Kaufmannsfrau gab der Dame nun einen Zwanzigmark- und einen Zehnmarkschein und bekam von der Dame 4 Mark und 10 Pfennig an Kleingeld heraus. Danach verließ die Kundin eilig den Laden.

Kurze Zeit darauf kam der Nachbar in den Laden und brachte den Fünfzigmarkschein zurück, denn dieser war gefälscht. Die vornehme „Dame" war natürlich schon über alle Berge. Die Kaufmannsfrau mußte also ihrem Nachbarn den Verlust ersetzen.

Wie groß war der Verlust, den die Geschäftsfrau erlitten hatte?

Der eifrige Eierhändler

Ein Eierhändler wurde gefragt, wie viele Eier er an diesem Tag verkauft habe. Er antwortete: „Mein erster Kunde sagte: ‚Ich kaufe die Hälfte Ihrer Eier und ein halbes Ei.' Der zweite und der dritte Kunde sagten das gleiche. Als ich alle drei bedient hatte, war ich ausverkauft und hatte kein Ei zerbrechen müssen."

Wie viele Eier hat er insgesamt verkauft?

Die letzten Kunden beim Milchmann

Kurz vor Ladenschluß hatte der Milchmann in seiner Kühlbox noch 15 Flaschen Milch stehen. Fünf waren noch voll, fünf waren halbvoll und fünf waren völlig leer.

Nun kamen drei gute Kunden zum Kaufmann, und jeder Kunde wollte die gesamte noch vorrätige Milch für sich. Aber der Kaufmann überzeugte alle drei Kunden, daß es am besten sei, wenn man gerecht teilen würde, denn er wollte es mit keinem verderben. Also sollte jeder Kunde gleich viel Milch und die gleiche Anzahl Flaschen erhalten, ohne daß die Milch umgeschüttet wurde.

Wie teilte der Milchmann?

Mira im Aufzug

Mira lebt im zwölften Stockwerk eines modernen Wohnhauses, in dem sich ein Aufzug befindet. Jedesmal, wenn sie im Erdgeschoß den Aufzug betritt und niemand mitfährt, drückt sie den Knopf zum sechsten Stockwerk, steigt im sechsten Stock aus und geht die Treppen hinauf bis zur zwölften Etage. Sie würde viel lieber bis zu ihrer Etage mit dem Fahrstuhl hinauffahren.
Warum macht sie es so umständlich?

Frau Ringelfingers Ring

Frau Ringelfinger war in der Küche beschäftigt, da rutschte ihr ein loser Ring mit einem großen Diamanten vom Finger und fiel in den Kaffee hinein. Eigenartigerweise wurde der Diamant nicht naß.
Warum?

Der hungrige Bücherwurm

Ein hungriger Bücherwurm hatte Appetit auf Goethes Werke, die Prachtausgabe mit Goldschnitt. Munter fraß er drauflos. Als er endlich satt war, hatte er sich durchgegessen von der ersten Seite des ersten Bandes bis zur letzten Seite des zweiten Bandes.

Band 2 stand neben Band 1. Jeder Band war einschließlich Einbanddeckeln zehn Zentimeter dick, wobei auf den Einband je ein Zentimeter entfiel.

Wie lang war die Strecke, die der Wurm durchfraß?

Allwissend?

Zwei Männer unterhalten sich über die Auslage einer Buchhandlung. Für ein Buch scheinen sie sich besonders zu interessieren.

Der eine sagt: „Das Buch kenne ich schon."

Fragt der andere: „Haben Sie es schon gelesen?"

„Nein, und es ist mir auch nicht vorgelesen worden!"

Woher kennt er das Buch?

Der gestörte Sonntagsspaziergang

Herr Dünnlich und Herr Mager machten zusammen einen Sonntagsspaziergang querfeldein. Und da sie ein festes Ziel hatten, waren sie mächtig erbost, als ihnen plötzlich ein vier Meter breiter, tief eingeschnittener Kanal den Weg versperrte. Weit und breit war dazuhin weder Brücke noch Steg zu entdecken.

„Peinlich, peinlich!" meinte da Herr Mager und begann nach irgend etwas zu suchen, das über den Wasserlauf gelegt werden konnte. Und wirklich – er entdeckte zwei Bretter. Aber welch ein Pech, sie waren zwar stabil, aber nur je drei Meter lang.

Gab es nun für Herrn Dünnlich und Herrn Mager trotzdem eine Möglichkeit, über den Kanal zu kommen?

Pfad_{fin}der

Du bist ein Pfadfinder und wanderst mit deiner Mannschaft. Ihr wollt nach Blöddorf und seid eben durch eine kleine Stadt gekommen. Jetzt habt ihr eine Stelle erreicht, von der zwei Wege abzweigen. Der Wegweiser liegt umgeworfen am Boden. Keiner weiß, welcher Weg nach Blöddorf führt. Da fällt dir etwas ein, und damit kann das Problem gelöst werden.
Was fällt dir ein?

Schiffs^{fracht}

Im Hafen von Genua werden auf einer großen Waage Kisten mit Maschinenteilen gewogen, die das Schiff „Italia" nach Afrika transportieren soll. Jede Kiste wiegt einen Zentner und so viel wie die Hälfte einer der anderen Kisten.
Wie schwer ist eine Kiste?

Die Überfahrt

Drei Männer kommen an einen Fluß. Es ist weit und breit keine Brücke zu sehen, dafür aber ein winziges Boot, in dem zwei Jungen sitzen. Das Boot ist so klein, daß es entweder nur einen Erwachsenen oder die beiden Jungen trägt. Wie kommen die Männer über den Fluß?

Der neue Sportwagen

Thomas lobt vor seinen Freunden seinen neuen Sportwagen.
„Ein toller Wagen", schwärmt er. „Schwarz mit weißen Ledersitzen. Und geräumig! Zwanzig Partygäste habe ich neulich nach Hause gefahren!"
Hat Thomas gelogen?

Der festgeklemmte Lastwagen

Du siehst einen Lastwagen, der unter einer Brücke festgeklemmt ist, weil diese einen Zentimeter zu niedrig ist. In der Nähe befinden sich eine Tankstelle und eine Autowerkstatt. Der Fahrer will schon zur Werkstatt losgehen, doch dir fällt eine Lösung für das Problem ein. Du erzählst dem Fahrer deine Idee, und nach fünf Minuten ist er unter der Überführung hindurch und fährt weiter.
Was hast du ihm geraten?

Schneller Rückzug

Peter machte in seinem Schlafzimmer das Licht aus und war trotzdem in der Lage, ins Bett zu steigen, bevor es im Raum dunkel war. Sein Bett steht ungefähr 4,50 m vom Lichtschalter an der Wand entfernt.
Wie schaffte Peter das?

Die Sitzung

In dem Festsaal eines großen Vereinshauses fand eine Zusammenkunft statt, an der alle Mitglieder teilnahmen. Der Saal war dicht gefüllt, denn eines der Mitglieder hielt eine wichtige Rede.
Nach der Sitzung trafen sich die Herren Albert, Bechtold, Cornelius und Dachs am Ausgang des Saals. Während der Veranstaltung hatten sich die einzelnen Herren gegenseitig nicht gesehen, da sie an verschiedenen Stellen saßen und die Menschenmenge im Saal zu groß war, um einen Bekannten herausfinden zu können. B. hatte z. B. den A. nicht gesehen, während aber C. den B. erkannt hatte; D. sah A. und B.; A. hatte B. gesehen, nicht aber den C.; B. hatte C. und D. ebenfalls nicht gesehen.
Einer von diesen vier Herren war der Redner. Nämlich welcher? (Das Rednerpult war von allen Plätzen zu sehen.)

Ebbe und Flut

Ein großes Segelschiff liegt im Hafen. Über der Bordwand hängt eine Strickleiter mit 30 Stufen, die jeweils einen Abstand von 25 Zentimetern haben.
Wenn die Flut kommt und der Wasserspiegel um einen Meter steigt, wie viele Sprossen befinden sich dann noch über dem Wasserspiegel?

Park**platz**suche

Herr Bauer möchte sein Auto immer genau vor seiner Haustür parken. Heute jedoch ist der Platz leider schon besetzt. Ein rotes Auto steht vor zwei anderen Autos, ein Kleinwagen steht zwischen zwei anderen Autos, und ein Sportwagen steht hinter zwei anderen Autos. Wie viele Autos parken vor Herrn Bauers Haustür?

Der **hinter**listige Kellner

Ein Kunde in einem Restaurant war empört, als er eine Fliege in seinem Kaffee vorfand. Er rief nach dem Kellner, ließ seinen Kaffee zurückgehen und verlangte eine frische Tasse Kaffee. Nachdem er einen Schluck getrunken hatte, schlug er auf den Tisch und brüllte: „Dies ist dieselbe Tasse Kaffee, die ich vorher hatte!" Warum konnte er das behaupten?

Maß für Maß

Matthias ging mit seinem Vater in München ins Hofbräuhaus. Der Vater bestellte sich eine Maß Bier und Matthias die gleiche Menge Limonade. Doch der Junge wollte auch ein wenig vom Bier probieren. Deshalb nahm er einen Löffel und schöpfte aus Vaters Krug einen Löffel voll Bier heraus. Das Bier goß er in sein Limonadenglas und rührte kräftig um. Der Vater war nicht sehr entzückt darüber, daß der Sohn etwas aus seinem Maßkrug herausgenommen hatte. Matthias wollte deshalb den Schaden wiedergutmachen. Er tauchte den Löffel in sein Limonadenglas, schöpfte ihn voll und goß das Gemisch aus viel Limonade und wenig Bier in Vaters Maßkrug zurück. Jetzt war nicht nur ein wenig Bier in der Limonade, sondern auch ein wenig Limonade im Bier.

Kannst du nach dieser Panscherei herausfinden, in welchem Glas mehr Flüssigkeit aus dem anderen Glas vorhanden war? Mit anderen Worten: Gab es mehr Bier in Matthias' Limonade oder mehr Limonade in Vaters Bier?

Klempner von Beruf

Ein Klempner hat den Auftrag bekommen, in einem Neubau die Wasserhähne zu installieren. Das neue Haus hat acht Stockwerke mit je drei Wohnungen. Für jede Wohnung braucht der Klempner je einen Hahn für die Küche, zwei Hähne für jedes Badezimmer und jeweils einen Hahn für die Waschmaschinen.
Zähle alle Hähne zusammen. Was kommt da heraus?

Der Empfang

Moni, die bei einem Empfang des Bürgermeisters die Gäste mit Getränken hat versorgen müssen, beklagt sich bei einer Freundin: „Die Gäste wollten überhaupt nicht mehr nach Hause gehen. Um ein Uhr brach die erste Hälfte der Gäste auf. Eine Stunde später verabschiedete sich die Hälfte der noch vorhandenen Gäste. Jede Stunde ging immer die Hälfte der Anwesenden. Und um sieben Uhr ging der letzte aus dem Haus."
Die Freundin: „Wie viele Gäste waren es denn?"

Der Traum

Ein reicher Fabrikbesitzer beschäftigte einen Nachtwächter, um seinen ganzen Besitz vor Dieben und Einbrechern zu schützen.
Einmal, als der Fabrikbesitzer gerade zum Flughafen fahren will, um geschäftlich zu verreisen, begegnet ihm der Nachtwächter.
„Fliegen Sie nicht mit dieser Maschine!" fleht der Nachtwächter seinen Chef an. „Ich habe heute nacht geträumt, Ihr Flugzeug würde abstürzen!"
Der Fabrikbesitzer nimmt eine andere Maschine. Die Voraussage des Nachtwächters trifft tatsächlich ein. Das Flugzeug, mit dem er ursprünglich hatte fliegen wollen, stürzt wirklich ab.
Nach seiner Rückkehr belohnt der Fabrikbesitzer den Nachtwächter fürstlich – und entläßt ihn fristlos.
Warum macht er das?

Die Tochter des Wirts

Im Gasthaus fragen ein paar Stammgäste den Wirt nach dem Alter seiner hübschen Tochter. Der Wirt, der immer zu Späßen aufgelegt ist, antwortet:
„Meine Tochter war vor fünf Jahren genau fünfmal so alt wie unser Hund. Jetzt ist sie nur noch dreimal so alt!"
Wie alt ist die Tochter nun wirklich?

Freunde

Einst lebten vier Freunde, denen zwei Dinge gemeinsam gehörten: eine Katze und ein Stofflager. Gemeinsam pflegten sie die Katze, gemeinsam hegten sie die Stoffe.
Da brach sich die Katze ein Bein. Der Freund, dem dieses Bein „gehörte", schiente und verband es und bettete die Katze neben den Ofen. Wärme tut gut, dachte er. Aber ach, ein Stück glühende Kohle fiel auf den Verband, und der fing Feuer. In ihrer Angst rettete sich die Katze in das Stofflager, das gleichfalls Feuer fing, und im Nu verbrannte alles. Auch die Freundschaft der vier. Denn drei Freunde verlangten nun von dem vierten, der den Verband angelegt hatte, er solle jedem seinen Lageranteil bezahlen. Der vierte weigerte sich. Nun gingen sie zum Richter. Doch der entschied ganz anders! Wie entschied er?

Spieglein, Spieglein ...

Wenn jemand mitten in einem Zimmer steht, dessen Wände, Decke und Fußboden mit Spiegeln ausgekleidet sind, wie oft kann er sich sehen?

Rätselgeschichten aus Familie, Schule und Sport

Rätselgeschichten aus Familie, Schule und Sport

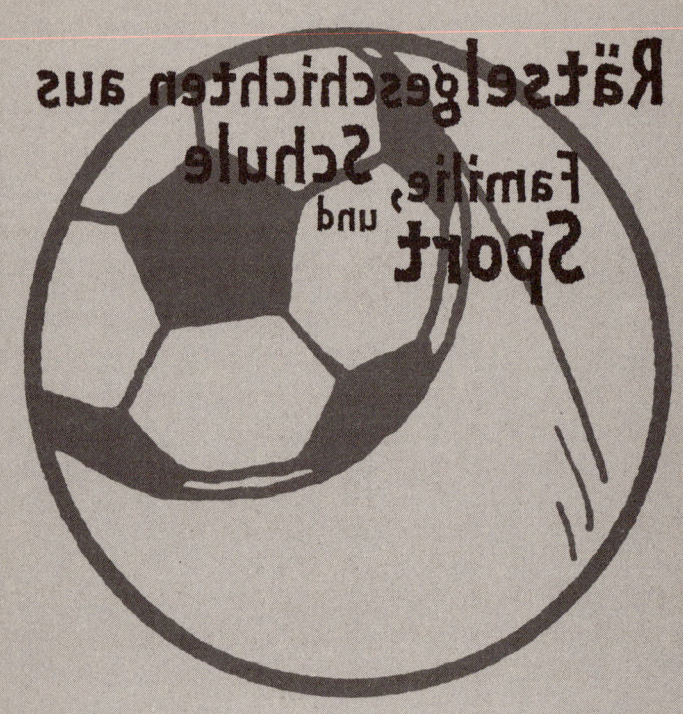

Konzertabend

Der Arzt ging mit seiner Tochter ins Konzert und der Lehrer mit seiner Frau. Sie hatten nur drei Konzertkarten und wurden doch hineingelassen.
Wie war das möglich?

Der kränkelnde Neffe

Onkel Reuben hatte sich in die große Stadt begeben, um seiner Schwester Mary Ann einen Besuch abzustatten. Die beiden spazierten durch die Straßen und gelangten zu einem kleinen Hotel.
„Bevor wir weitergehen", sagte Reuben zu seiner Schwester, „würde ich hier gerne einen Augenblick verweilen, um mich nach einem kranken Neffen von mir zu erkundigen, der in diesem Hotel wohnt."
„Na gut", erwiderte Mary Ann, „aber da ich nun mal keinen kranken Neffen habe, um den ich mir Sorgen machen müßte, werde ich inzwischen schön langsam nach Hause spazieren. Dann setzen wir unsere Besichtigung eben heute nachmittag fort."
In welchem Verwandtschaftsverhältnis stand Mary Ann zu jenem mysteriösen Neffen?

Eine juristische Frage

Erlaubt das Gesetz einem Mann, die Schwester seiner Witwe zu heiraten?

Komische Verhältnisse

Familie Schneider war in die kleine Stadt Mühlhausen gezogen, wo sie niemanden kannte und sich recht verloren vorkam. Deshalb freute sich Frau Schneider sehr über die erste Einladung, die sie erhielt – zum Tee bei Frau Giller. Sie traf dort Frau Krug und Frau Ostmann. Weil sie gern noch einiges über die Verhältnisse in Mühlhausen erfahren wollte, fragte Frau Schneider: „Bitte, Frau Giller, sind Sie mit Frau Krug verwandt?" Ja, sie war es. Aber wie drückte Frau Giller das aus? „Der Bruder der Schwiegermutter meines Mannes ist der Vater des einzigen Schwagers von Frau Krugs Mann, der übrigens keine Geschwister hat."

Und ehe Frau Schneider noch daran denken konnte, diese schwierige Sache aufzulösen, erklärte Frau Ostmann auch schon: „Und auch ich bin mit Frau Giller verwandt! Die Schwester der einzigen Schwiegertochter der Eltern meines Mannes ist die Nichte des Schwiegervaters von Frau Gillers Mann!"

Ach! Ob man das nicht auch einfacher ausdrücken konnte? Wie waren die Damen miteinander verwandt?

Die zerbrochene Fensterscheibe

Kurt hat eine Fensterscheibe eingeschlagen. Nicht mit Absicht natürlich! Er hatte nur mit seinem Freund Günther im Zimmer ein wenig „Piraten" gespielt, und da gehört es doch dazu, daß Säbel geschwungen werden. Und – plötzlich war die Scheibe draußen!

„Weißt du, was wir nun machen?" meint da Günther, rennt auf die Straße hinunter und kommt dann mit einem faustgroßen Stein zurück. „Den legen wir ins Zimmer, daß es so aussieht, als ob er von der Straße aus hereingeworfen worden wäre."

Kurt befolgt den Rat und holt dann seine Mutter, die sich den Schaden besieht und die dazugehörige „Geschichte" anhört.

Woran merkt die Mutter, daß sie angeschwindelt wird?

Zwillingsschwestern?

Sabine sagt: „Wir wurden am selben Tag im selben Jahr geboren."
Gabriele sagt: „Und wir haben denselben Vater und dieselbe Mutter."
„Aber wir sind keine Zwillingsschwestern", sagt Sabine.
Wie ist so etwas möglich?

Eine Großfamilie?

In einer Familie gibt es einen Großvater, eine Großmutter, einen Schwiegervater, einen Schwiegersohn, drei Töchter, vier Söhne, zwei Väter, zwei Mütter, drei Enkel, zwei Enkelinnen, vier Brüder, drei Schwestern, zwei Schwager, zwei Ehemänner, zwei Ehefrauen, einen Onkel, drei Neffen und zwei Nichten – zusammen vierzig Personen.

Oder nicht?

Oder was?

Fünf Söhne

Der Bauer Huber hat fünf Söhne: Ignaz, Toni, Bubi, Sepp und Hannes. Bubi und Sepp sind jünger als Toni, Ignaz ist älter als Hannes und jünger als Toni. Sepp ist älter als Ignaz, und Bubi ist jünger als Hannes.
In welcher Reihenfolge wurden die fünf Söhne des Bauern Huber geboren?

Auf der Geburtstagsfeier

Auf seiner Geburtstagsfeier zeigt der alte Paul Fotos aus seiner Jugendzeit. Als er von seinem Freund Max gefragt wird, wer die Person auf dem Foto sei, antwortet Paul: „Brüder und Schwestern habe ich nicht. Der Vater dieses Mannes ist meines Vaters Sohn."
Wer ist die Person auf dem Foto?

Verzwickte Verwandtschaft

Ein Fremder traf am Strand einen Mann und ein Mädchen, die dort Hand in Hand spazierengingen, und unterhielt sich ein wenig mit ihnen.

Der Fremde merkte gleich, daß sich die beiden gut verstanden, und glaubte, es handele sich um Mann und Frau.

„O nein", sagte das Mädchen, „wir sind zwar miteinander verwandt, aber nicht verheiratet. Dieses Mannes Mutter ist meiner Mutter Schwiegermutter."

Was war das für eine verzwickte Verwandtschaft?

Das Geburtstagsgeschenk

Ein Mann bittet seine Mutter: „Könntest du bitte die Tochter meines Vaters fragen, was sie der Tochter seiner Mutter zum Geburtstag schenkt?"

Wen soll die Mutter fragen?

Drei Bräute

Der alte Geldsack ließ verlautbaren, er gedenke die Mitgift seiner Töchter nach Körpergewicht in Gold aufzuwiegen, und so fanden sich rasch geeignete Freier. Die Hochzeit fand für alle am gleichen Tag statt, und vor dem Wiegen labten sich die Bräute ausgiebig an nahrhaften Hochzeitstorten, worüber die Bräutigame sehr froh waren.
Zusammen wogen die Bräute 396 Pfund, wobei Nelly zehn Pfund mehr wog als Kitty und Minny zehn Pfund mehr als Nelly. John Brown, einer der Bräutigame, wog genausoviel wie seine Braut, wohingegen William Jones eineinhalbmal soviel wog wie seine Braut und Charles Robinson zweimal soviel wie seine Braut. Alle Bräute und Bräutigame wogen zusammen eine halbe Tonne.
Die Aufgabe besteht nun darin, die Nachnamen der drei Bräute nach ihrer Heirat zu nennen.

Vater und Sohn

Wenn man Herrn Hubers Alter und das seines Sohnes zusammenzählt, erhält man 100. Nimmt man Herrn Hubers Alter mal vier und teilt das Ergebnis durch neun, bekommt man das Alter seines Sohnes.
Wie alt sind die beiden Herren Huber?

Eine Frage des Alters

Johannes ist doppelt so alt wie Hanna. Aber in fünf Jahren wird Hanna so alt sein, wie Johannes jetzt ist.
Wie alt sind Johannes und Hanna heute?

Wie alt ist die Tante?

Klaus und Peter waren bei der Tante zum Geburtstag eingeladen. Am Kaffeetisch fragte Peter:
„Liebe Tante, wie alt bist du heute eigentlich geworden?"
Die Tante war peinlich berührt, denn die meisten Damen mögen es nicht gern, wenn sie nach ihrem Alter gefragt werden. Schließlich war auch die Tante kein junges Mädchen mehr. Um die Verlegenheit zu überbrücken, sprang Onkel Alfred in die Bresche und sagte:
„Ich schreibe euch eine kleine Geschichte auf einen Zettel. In dieser Geschichte sind die Schriftbilder mehrerer Zahlen versteckt. Wenn ihr alle Zahlen zusammengezählt habt, wißt ihr, wie alt die Tante geworden ist, ohne daß sie euch ihr Alter verraten muß."
Der Text, den Onkel Alfred aufschrieb, lautete:
„Ein Schweinchen war verzweifelt. Das tägliche Bad reinigte das Tierchen nur zu einem Viertel. Fünfmal täglich sprach die Mutter: Sieh das Echslein und die Schlange, wie sie beneidenswert auf Sauberkeit achten. Ich wollte, es gäbe keine Unterschiede. Hätte ich dich reinlich von Kopf bis Zeh, nicht der Distelfink wäre glücklicher!"
Die Kinder lasen den Zettel, und Klaus krähte:
„Die Tante ist sechzehn Jahre alt!"
Das stimmte natürlich nicht.
Wie alt war die Tante?

Wie alt ist der Vater?

„Wie alt ist dein Vater?" fragte Andreas Christoph. „Gerade viermal so alt wie ich", antwortete dieser. „Ja, wie alt bist du denn?" fragte Andreas weiter. Christoph erwiderte: „Mein ältester Bruder Robert ist zwanzig Jahre alt. Jakob, mein zweiter Bruder, ist siebzehn. Meine Schwester Sabine ist elf, mein Bruder Stefan ist sieben, und mein jüngster Bruder Michael ist gerade fünf Jahre alt. Mein Alter jedoch ist der fünfte Teil ihres Alters zusammen. Nun kannst du selbst ausrechnen, wie alt mein Vater ist."

Drei Schwestern

Susi ist doppelt so alt wie Meike sein wird, wenn Karin so alt sein wird wie Susi heute.

Welches von den drei Mädchen ist die Älteste?

Schwestern

Inge und Ilse haben vom Vater 40 Mark bekommen. Sie sollen diese so teilen, daß Inge eine Mark mehr als Ilse erhält.
Wieviel bekommt jede?

Vater und Sohn

Der Sohn ist 15 Jahre alt. Der Vater dreimal älter. In wie vielen Jahren wird der Vater nur noch doppelt so alt sein wie sein Sohn?

Wie alt?

Mutter und Tochter sind zusammen 31 Jahre alt. Wie alt sind die beiden jeweils, wenn die Mutter 30 Jahre älter ist als ihr Kind?

Drei Generationen

Jemand wurde gefragt, wie alt sein Vater, sein Großvater und wie alt er selber sei.
Er antwortete:
„Ich und der Vater sind 54 Jahre alt. Der Vater und der Großvater sind 109 Jahre alt, und der Großvater und ich sind zusammen 85 Jahre alt."
Wie alt sind Großvater, Vater und Enkel?

Noch ein Familienrätsel

Der älteste Sohn einer großen Familie, der nach der Zahl der Kinder in seiner Familie gefragt wurde, antwortete: „Ich habe dreimal so viele Schwestern als Brüder."
Die älteste Tochter sagte: „Ich habe genauso viele Brüder wie Schwestern."
Wie viele Söhne und Töchter haben die Eltern?

Wie viele Kinder?

Herr Meisner wird oft gefragt, wie viele Kinder er habe. Er antwortet auf diese Frage immer mit einem Rätsel: „Ich habe fünf Söhne, und jeder hat eine Schwester."
Wie viele Kinder sind es?

Mädchen und Jungen

Uwe hat siebenmal soviel Schwestern wie Brüder. Seine Schwester Monika hat dreimal soviel Schwestern wie Brüder.
Wie viele Söhne und Töchter haben die Eltern von Uwe und Monika?

Die große Familie

„Aber Elise, Sie haben ja viel zu viele Teller aus dem Schrank geholt!"

„Wieso? Sie haben doch gesagt, es wären heute abend ein Großvater, eine Großmutter, zwei Väter, zwei Mütter, vier Kinder, drei Enkel, ein Bruder, zwei Schwestern, zwei Söhne, zwei Töchter, ein Schwiegervater, eine Schwiegermutter und eine Schwiegertochter da. Das sind im ganzen 23 Personen!"

„Ach wo, in Wirklichkeit sind das natürlich viel weniger!"

Nämlich wie viele?

Amerikanisch geteilt

Der reiche Onkel aus Amerika war zu Besuch gekommen. Wie es sich für einen sehr reichen Onkel gehörte, hatte er den Kindern Thorsten und Markus einen riesigen Berg Spielsachen mitgebracht: Rollschuhe und ein Skateboard, einen Fußball, Würfelspiele, einen Stabilbaukasten, eine elektrische Eisenbahn, eine Indianerausrüstung – und ein Rätselbuch. Natürlich war die Freude über diesen unerwarteten Geschenksegen riesengroß. Allerdings hatte sich der Onkel nicht darum gekümmert, welche Geschenke für Markus und welche für Thorsten bestimmt sein sollten. Er wußte ja nicht, daß die beiden Brüder sich bei jeder passenden und unpassenden Gelegenheit stritten.
Die Mutter schlug die Hände über dem Kopf zusammen, als sie den Spielzeugberg sah.
„Die Kinder bekommen von uns, wenn wir ihnen etwas schenken, immer das gleiche. Sonst gibt es nämlich jedesmal Streit. Na das wird heute ein schönes Gerangel geben!"
„Aber wieso denn?" fragte der Onkel erstaunt. „Es gibt doch eine ganz einfache Art der Teilung, die überhaupt keinen Streit zuläßt. Bei uns in Amerika kennt sie jedes Kind. Diese Art der Teilung können die Jungen doch anwenden."
Der Onkel aus Amerika wußte wirklich einen guten Rat, durch den der Frieden erhalten blieb.
Weißt du ihn?

Aus der Schule geplaudert

Die Lehrerin einer Winzergemeinde wurde einmal von einem Kollegen aus der Kreisstadt gefragt, wie viele Kinder sie zu unterrichten habe.

„Nun ja", seufzte das geplagte Fräulein. „Meine Klasse ist sehr groß. Doch im Augenblick kann ich nicht klagen: Von meinen Schülern sind ein Elftel daheim, weil sie sich erkältet haben. Zwölf Schüler müssen ihren Eltern bei der Traubenlese helfen, sieben andere treiben sich auf dem Jahrmarkt herum, und von denen, die zur Schule gekommen sind, schreiben zehn einen Aufsatz, und elf sind in der Turnhalle.

„Dann haben Sie in der Tat eine große Klasse zu beaufsichtigen", mußte der Lehrer aus der Kreisstadt zugeben. „Aber Sie werden es kaum glauben: In meiner Schulklasse habe ich noch einen Schüler mehr!"

Wie viele Kinder gehörten zu jeder Klasse?

Die Lehrerin an einer anderen ländlichen Volksschule dagegen hatte es besser. Als sie nach der Zahl ihrer Schüler und Schülerinnen gefragt wurde, gab sie zur Antwort:

„Die Hälfte meiner Kinder ist beim Rechnen, ein Viertel beschäftigt sich mit Malen, ein Siebtel der Klasse lernt ein Gedicht auswendig, und die drei Mädchen machen Handarbeiten, wobei die kleine Sabine die hübschesten Muster stricken kann."

Jetzt weißt du, wie viele Kinder die Lehrerin zu betreuen hatte, nicht wahr?

Der Schulgarten

Oberlehrer Knifflig hatte wirklich eine vertrackte Art an sich. Immer packte er seine Aufgaben und Fragen in eine Rechenaufgabe. In der Rechenstunde war das ganz natürlich. Aber auch während der Naturkundestunde, beim Turnen oder während des Deutschunterrichts wußte er Fragen zu stellen, die nur durch scharfes Nachdenken oder durch schnelles Rechnen zu lösen waren. Selbst jetzt, als es galt, die vier Beete des Schulgartens zu besäen, stellte Herr Oberlehrer Knifflig folgende Aufgabe:
„Ich habe hier in diesem Säckchen eine bestimmte Anzahl Sonnenblumenkerne. Auf das erste Beet soll davon der dritte Teil gesät werden, auf das zweite Beet der fünfte, auf das dritte Beet der sechste und auf das vierte Beet der vierte Teil. Sechs Kerne wollen wir als Reserve zurückhalten, falls der eine oder andere Kern nicht aufgehen sollte."
Wie viele Sonnenblumenkerne waren es insgesamt, und wie viele Samen wurden in das erste, das zweite, das dritte und das vierte Beet ausgesät?

Deutschlands Städte

Die Lehrerin hatte eine Stunde lang von Deutschlands großen Städten gesprochen. Sie hatte ein paar Zahlen an die Tafel geschrieben, damit die Schülerinnen sich zu den wichtigsten Großstädten die Einwohnerzahlen merken konnten. Sie hatte auch von den Flüssen gesprochen, an denen die Städte lagen: Aalen an der Kocher – Ahlen an der Werse – Alfeld an der Leine … Dann ließ die Lehrerin alles auf der Tafel löschen, die Hefte und Atlanten einpacken und fragte: „So, jetzt will ich mal sehen, wer besonders gut aufgepaßt hat. Was steht genau in der Mitte von Deutschland?"

Da knisterte es in den Gehirnen der Schülerinnen, und manche Hand versuchte heimlich den Atlas unter der Bank aufzuschlagen; denn davon hatte die Lehrerin ja gar nicht gesprochen. Plötzlich sprang Ruth auf und gab die richtige Antwort.

Wer findet sie auch, aber ohne in den Atlas zu sehen?

Rechenaufgabe

Gudrun schwitzt gerade über ihrer Mathematikaufgabe und rechnet laut vor sich hin:
„646 und 832 ist 1378."
Ihr Bruder Georg lacht seine Schwester aus:
„Das heißt doch nicht ist, sondern sind! 646 und 832 sind 1378."
Wer von den beiden hat recht, Gudrun oder Georg?

Aus zwei mach drei!

Aus einer Schülergruppe werden fünf Achtel und weitere zehn Schüler ausgewählt und bilden jetzt eine neue Gruppe unter der Leitung des Oberlehrers.
Dann wird die Vorausabteilung, die aus 48 Schülern bestehen soll, aus dem Rest der ersten Gruppe und einem Siebtel der zweiten Gruppe, die übrigens genauso viele Schüler umfaßt wie die ursprüngliche erste Gruppe, gebildet.
Wie viele Schüler umfaßten die ursprünglichen Gruppen?

Die leidigen Zeugnisse

Wieder einmal war die Zeit der Zeugnisverteilung gekommen. Vater Wohlgemut hatte seinen fünf Kindern jeweils ein Extrataschengeld versprochen, falls sie alle versetzt würden. Das waren die fünf: Sabine, Peter, Nucki, Ronni und Mark. Glücklicherweise hatten sie alle bestanden! Aber die Belohnung, die sie für ihre Zeugnisse erhielten, fiel unterschiedlich aus. Deshalb beschwerten sich diejenigen, die weniger bekommen hatten, beim Vater. Doch dieser sagte ihnen:

„Ihr seid alle fünf versetzt worden, und dafür habt ihr alle eine Belohnung erhalten. Doch einige bekamen mehr, die anderen weniger. Das hängt mit euren Zensuren zusammen. Ihr wart unterschiedlich fleißig, und danach habe ich die Höhe des Extrataschengeldes berechnet."

Was der Vater sagte, stimmte. Die Zeugnisse waren unterschiedlich ausgefallen: Nucki und Mark waren fauler als Sabine. Mark war fleißiger als Ronni, und Nucki schließlich war fauler als Peter.

Bringst du es heraus, welches von den Kindern das fleißigste und welches das faulste war?

Schülerschwindel

Peter hat nur die Hälfte der Mathematikhausaufgabe gemacht. Der Lehrer erkundigt sich nach dem Grund.
„Ich konnte nur die Aufgaben auf der Seite 83 lösen, weil die Seite 84 in meinem Buch fehlt", entschuldigte sich der Schüler.
Kann das die Wahrheit sein?

Ein geheimnisvoller Ball

Wie mußt du einen Ball werfen, damit er eine kurze Strecke zurücklegt, plötzlich anhält, seine Richtung wechselt und den entgegengesetzten Weg nimmt? Du darfst den Ball dabei nicht irgendwo abprallen lassen, ihn nicht zurückschlagen und ihn auch nicht irgendwo festbinden.

Tisch_{tennis}

Du spielst eine Runde Tischtennis im Garten hinter dem Haus eines Freundes. Als du den Ball verfehlst, springt er über den Rasen und rollt in ein schmales, aber tiefes Loch. Das Loch ist zu tief, als daß du den Ball mit der Hand erreichen kannst. Außerdem ist das Loch zu gekrümmt, um den Ball mit einem Stock rauszuholen. Du überlegst einige Minuten, und dann findest du einen einfachen Ausweg, um den Ball zu erreichen.
Was hast du dir ausgedacht?

Die Sechs_{tage}fahrt

Drei Radrennfahrer trainieren auf der gleichen Bahn für das nächste Sechstagerennen. Sie starten zur gleichen Zeit. Der Fahrer mit Startnummer 1 setzt bei jeder dritten Runde aus und läßt die anderen weiterfahren. Startnummer 2 läßt jede fünfte Runde aus, und der dritte Fahrer setzt jede sechste Runde aus. Wer gerade Pause hat, paßt natürlich genau auf, daß er zur rechten Zeit für die nächste Runde auf der Bahn ist. Vorher haben die drei Rennfahrer abgemacht, daß sie die Trainingsrunden so lange fortsetzen wollen, bis alle drei gleichzeitig eine Runde aussetzen müssen.
In welcher Runde geschieht das?

Schnelle Läufer

Peter läuft einen Kilometer in 4,12 Minuten, Paul in einer Stunde 4,12 Kilometer. Wer von den beiden läuft schneller?

Rätselgeschichten für Tierfreunde, Hobbygärtner und Landwirte

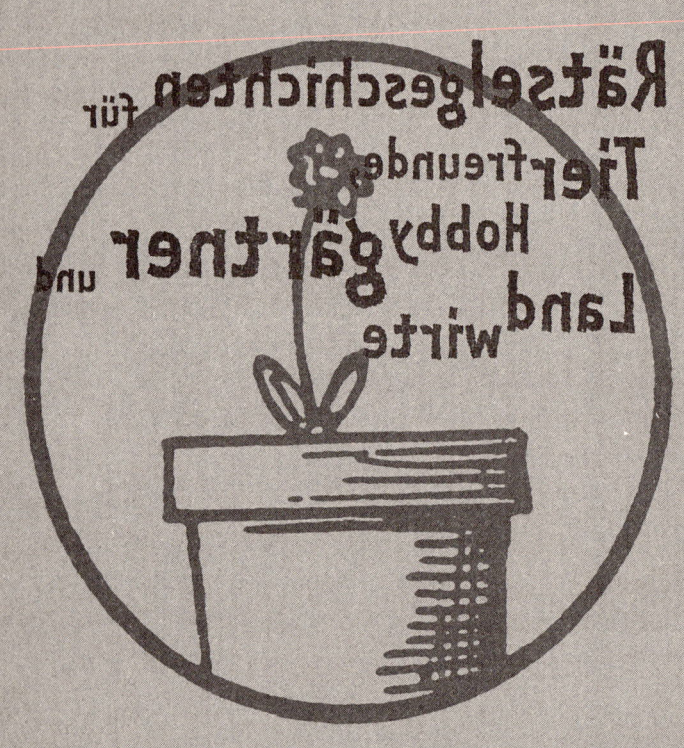

Rätselgeschichten für
Tierfreunde, Hobbygärtner
und Landwirte

Schneckentempo

Eine Schnecke fiel in einen 21 Meter tiefen Brunnen. Sie versuchte aus dem Schacht herauszukommen und schaffte täglich sieben Meter, rutschte aber in der Nacht wieder vier Meter zurück.
Wann erreichte sie den Brunnenrand?

Rennen

Eine Schnecke braucht für eine Rennstrecke eineinhalb Stunden, wenn sie im Uhrzeigersinn kriecht. Wenn sie sich aber entgegen dem Uhrzeigersinn fortbewegt, braucht sie für die gleiche Strecke 90 Minuten.
Wie ist das zu erklären?

Die Rettung des Rotkehlchens

Ein kleines Rotkehlchen, das gerade fliegen lernte, war in ein Loch in einem großen Zementblock gefallen, der ein Teil des Fundaments eines Gebäudes war. Das rechteckige Loch war zwar groß genug, um die Hand und den Arm hineinzustecken, aber es war über einen Meter tief. So konnte niemand weit genug hinunterreichen, um das kleine Rotkehlchen aufzunehmen. Die Bauarbeiter wußten nicht, was sie tun sollten. Sie wollten keine langen Stöcke benutzen, weil sie Angst hatten, den Vogel zu verletzen.

Aber Susanne, die in der Nähe wohnte, hatte einen guten Einfall. Als die Männer ihn in die Tat umsetzten, klappte alles wunderbar, und das Rotkehlchen wurde unversehrt geborgen. Einer der Männer stellte eine Leiter an den Baum und legte das kleine Rotkehlchen in sein Nest zurück.

Welchen Einfall hatte Susanne?

Mäusejagd

In der Speisekammer eines großen Hotels haben sich fünf Mäusemütter mit ihren jeweils sechs Jungen eingenistet. Wie viele Füße rennen durch die Speisekammer, wenn der Chefkoch die Mäuse fangen will?

Das Aquarium

Fritz darf Kurt besuchen, um dessen neu eingerichtetes Aquarium zu besichtigen. Fritz staunt über den Pflanzenwuchs und über das klare Wasser. Am schönsten findet er, daß sich darin neben einer Vielzahl von Fischen auch kleine Schildkröten tummeln.
Voller Anerkennung sagt er zu Kurt: „Das ist ja so schön wie das Aquarium im Zoo!"
Da lacht Kurt und meint: „Aber viel interessanter."
„Interessanter?"
„Ja! Denn das Becken ist denksportlich eingerichtet. Es befinden sich siebenmal mehr Fische darin als Schildkröten und doch nur doppelt soviel Köpfe wie Beine. Im ganzen sind es 56 Köpfe."
So sehr sich Fritz auch bemüht, die Tiere zu zählen, es ist ihm nicht möglich, weil sie ständig durcheinanderschwimmen. Doch dann nimmt er Zettel und Bleistift, und bald hat er die Lösung.

Fuß marsch

Berti sollte für seine Mutter ins Nachbardorf Au zum Einkaufen gehen. Auf der Landstraße begegnete er dem Förster und seinen drei Jagdhunden. Der eine Hund hatte fünf Flöhe, der zweite drei und der dritte zwei Flöhe.
Wie viele Beine waren auf dem Weg nach Au?

Haus tiere

Udo, Markus und Tom dürfen am letzten Tag vor den Ferien ihre Haustiere mit in die Schule bringen. Die drei Buben besitzen ein Meerschweinchen, einen Hamster und eine Maus. Die Lehrerin soll nun erraten, welches Haustier zu welchem Jungen gehört. Dazu bekommt sie folgende Informationen, aber nur eine ist wahr.
Udo hat ein Meerschweinchen.
Markus hat kein Meerschweinchen.
Die Maus gehört nicht Tom.
Wer kann der Lehrerin beim Raten helfen?

Die Krähe hat Durst

Es war einmal eine Krähe, die war so durstig, daß sie kaum mehr krähen konnte. Sie flog hinunter zu einem großen Krug, aus dem sie tags zuvor getrunken hatte, aber es war nur noch wenig Wasser darin. Sie versuchte das Wasser mit dem Schnabel zu erreichen, doch der Krug war zu tief, und der Schnabel der Krähe war zu kurz. Da kam der Krähe eine Idee: Sie flog zwischen einem Steinhaufen und dem Krug hin und her, bis sie auf dem Rand des Krugs sitzend trinken konnte.
Was hat die Krähe gemacht?

Zwei Schäfer und ihre Schafe

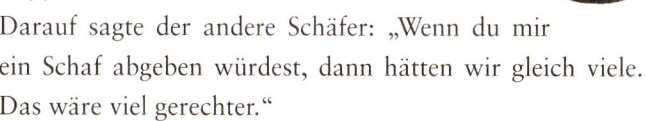

Am Feierabend unterhalten sich zwei Schäfer in ihrem Schäferkarren: „Wenn du mir ein Schaf abgeben würdest, dann hätte ich doppelt so viele wie du!"
Darauf sagte der andere Schäfer: „Wenn du mir ein Schaf abgeben würdest, dann hätten wir gleich viele. Das wäre viel gerechter."
Wie viele Schafe hat jeder Schäfer?

Das fehlende Schaf

Ein Bauer hatte 17 Schafe. Alle bis auf neun schlüpften durch ein Loch im Zaun und liefen davon.
Wie viele blieben übrig?

Im Schweinestall

Ein Bauer hat in seinem Schweinestall weniger als 700 Schweine. Wenn er jeweils zwei Schweine gemeinsam durch die Stalltür auf die Wiese treibt, bleibt ein Schwein übrig. Treibt der Bauer jeweils drei, vier, fünf, sechs Schweine gleichzeitig aus dem Stall, bleibt ebenfalls immer ein Schwein übrig. Nur wenn der Bauer sieben Schweine heraustreibt, bleibt keines im Stall zurück.
Wie viele Schweine hat dieser reiche Bauer?

Kälber und Schweine

Ein Bauer hatte ebenso viele Kälber wie Schweine. Als er sechs Kälber und drei Schweine verkaufte, blieben nur zwei Drittel so viele Kälber übrig als Schweine.
Wie viele Tiere jeder Art hatte er?

Flußüberquerung

Ein Fährmann bekam den Auftrag, einen Kohlkopf, eine Ziege und einen Wolf mit seinem Schiff über den Fluß zu bringen. Das Boot war aber so klein, daß er nicht alle gleichzeitig über den Fluß fahren konnte. Und da gab es noch ein Problem: Wenn er den Kohl und die Ziege ohne Aufsicht ließ, würde die Ziege den Kohl fressen. Wenn er den Wolf und die Ziege allein ließ, würde der Wolf die Ziege fressen.
Was war also zu tun?

Der purpurfarbene Papagei

„Ich garantiere Ihnen, dieser purpurfarbene Papagei spricht jedes Wort nach, das er hört", sagt der Verkäufer in der Tierhandlung.
Ein Kunde kaufte den Vogel und stellte dann fest, daß der Papagei nicht ein einziges Wort sprach. Dennoch hatte der Verkäufer die Wahrheit gesagt.
Wie kann das sein?

Die billige Gans

Vergangenen Sonntag ereignete sich in Josbach ein kleiner Unfall. Ein Motorradfahrer hatte bei der Durchfahrt durch das Dorf das Mißgeschick, eine Gans zu überfahren.
„20 Mark bekomme ich dafür", sagte der Bauer, dem sie gehörte, „die Gans können Sie mitnehmen!"
„Das ist ein ganz unverschämter Preis", begehrte der Motorradfahrer auf, „zumal ich das tote Tier auf dem Motorrad ja gar nicht mitnehmen kann, wie Sie sehen. Mehr als 15 Mark bezahle ich auf keinen Fall!"
Sie wurden sich nicht einig, da keiner nachgeben wollte. Bis sich Herr Schneider einmischte. Ihm gelang es in kürzester Frist, den Streit beizulegen und zu erreichen, daß jeder befriedigt von dannen zog.
Was hat er wohl gemacht?

Im Gänsemarsch

Quer über den Bauernhof wackelte eine Gänseschar. Eine Gans watschelte vor zweien, eine hinter zweien, eine zwischen zweien.
Wie viele Gänse waren es zusammen?

Ein hartgekochtes Problem

Es dauert zehn Minuten, bis ein Gänseei hartgekocht ist. Wie lange dauert es, bis vier Gänseeier hartgekocht sind?

Zwei Truthähne

„Diese beiden Truthähne wiegen zusammen 20 Pfund", sagte der Metzger. „Der kleine kostet pro Pfund zwei Cents mehr als der große."
Mrs. Smith kaufte den kleineren für insgesamt 82 Cents, und Mrs. Brown zahlte für den großen zwei Dollar 96.
Wieviel haben die beiden gewogen?

Hackordnung

Dr. Hahn, der berühmte Hühnerforscher, hat über die Hackordnung seiner Hühner-Testgruppe Aufzeichnungen angefertigt:

Das braune Huhn hackt ein schwarzes, aber nicht umgekehrt. Die beiden schwarzen Hühner hacken sich niemals gegenseitig. Das graue Huhn hält die Hackordnung ein. Das weiße Huhn wird nicht von einem schwarzen Huhn gehackt. Das geperlte Huhn hackt und wird gehackt, aber nicht von dem weißen und von keinem der schwarzen Hühner. Farbige Hühner lassen sich nichts gefallen.

Die Sekretärin von Dr. Hahn muß beim Abtippen des Forschungsberichts die Rangordnung der Hühner in die richtige Reihenfolge bringen.

Wer kann ihr helfen?

Handel mit Hühnern

Ein Bauer und seine Frau sind auf den Markt gefahren, um ihr Geflügel gegen anderes Zuchtvieh einzutauschen, und zwar auf der Basis von 85 Hühnern für ein Pferd und eine Kuh. Es muß festgestellt werden, daß fünf Pferde den gleichen Wert besitzen wie zwölf Kühe.

„John", sagte die Frau, „laß uns noch mal so viele Pferde nehmen, wie wir bereits ausgesucht haben. Dann brauchen wir nur 17 Pferde und Kühe durch den Winter zu bringen."

„Aber ich finde, wir brauchen mehr Kühe", erwiderte ihr Mann. „Daher sollten wir die Anzahl der Kühe, die wir bereits ausgesucht haben, verdoppeln. Dann hätten wir zusammen 19 Pferde und Kühe und gerade genug Hühner für den Tausch."

Diese einfachen Bauern hatten von Algebra keine Ahnung; trotzdem wußten sie „auf die Feder" genau, wie viele Hühner sie besaßen und wie viele Pferde und Kühe sie dafür eintauschen konnten.

Unsere Rätselfreunde werden aufgefordert, mit Hilfe der gegebenen Daten zu errechnen, mit wie vielen Hühnern der Bauer und seine Frau auf den Markt gekommen waren.

Ein fleißiges Huhn

Ein fleißiges Huhn hat in 21 Tagen neun Eier ausgebrütet. Wieviel Zeit würde es brauchen, um zwölf Eier auszubrüten?

Rühreier

Wenn anderthalb Hennen in anderthalb Tagen anderthalb Eier legen, wieviel Eier legen dann drei Hennen in acht Tagen?

Fliegende Hühner

Auf einem Autobahnparkplatz beobachtet ein Autofahrer, wie ein LKW-Fahrer kräftig gegen den Frachtraum seines Lasters schlägt. Der Autofahrer wird neugierig und fragt den Fernfahrer, warum er das mache. Der LKW-Fahrer antwortet: „Ich habe 300 Hühner geladen, die sehr schwer sind. Und wenn ich klopfe, erschrecken die Hühner und fliegen hoch. Dadurch wird die Ladung leichter, und ich spare unheimlich viel Benzin."
Hat der Fernfahrer recht?

Bärenhunger

Ein Forscher läuft von seinem Zeltlager aus vier Kilometer nach Süden, dann vier Kilometer nach Osten und dann vier nach Norden. Bei der Rückkehr in sein Lager erwischt er einen Bären, der sich an seinen Vorräten zu schaffen macht.
Wie sieht der Bär aus?

Weizenernte

Ein Bauer wurde gefragt, wie viele Scheffel Weizen er geerntet habe. Er antwortete: „Wenn ich 120 Scheffel mehr geerntet hätte, so würde meine Ernte doppelt so groß gewesen sein."
Wie viele Scheffel hat er geerntet?

Kluge Bauern können rechnen

Der Schwager aus der Stadt bewunderte den großen und modern ausgestatteten Hof des Huber-Bauern. Natürlich war der Bauer nicht wenig stolz über das unverhohlene Lob, und er führte seinen Gast gerne herum, um ihm alles zu zeigen. Dabei kamen sie auch an das große Aufzuchtgehege.

„Ja, sag mal, weißt du denn überhaupt, wieviel Jungtiere da drin sind? Die kann man ja gar nicht zählen, weil sie ständig durcheinanderlaufen."

„Ach", meinte der Bauer, „das brauche ich ja nicht täglich zu tun. Ich habe sie alle einmal gezählt. Jetzt merke ich mir nur, wie viele Köpfe und wie viele Füße im Gehege sind und kann dann immer schnell ausrechnen, wie viele Tiere jeder Art da sind. Du siehst ja, es sind nur Lämmchen und Hühner, und im ganzen haben sie 70 Köpfe und 188 Füße."

Das war nun für den Schwager aus der Stadt gewiß nicht leicht zu lösen.

Die verzwickte Erbschaft

Der Häusler-Bauer hatte sich zeit seines Lebens geplagt und es trotzdem zu keinem besonderen Wohlstand gebracht. Aber er war wegen seines Humors und seines Witzes allseits beliebt. Man kann sich leicht ausmalen, wie er sich heimlich gefreut hat, als er sein verzwicktes Testament aufsetzte:

Der erste Sohn bekommt ein Kaninchen und den siebten Teil des Rests.

Der zweite Sohn erhält zwei Kaninchen und den siebten Teil des nunmehrigen Rests.

Der dritte Sohn bekommt drei Kaninchen und den siebten Teil der jetzt übriggebliebenen Kaninchen. Und so fort.

Als er gestorben war und man die Kaninchen verteilte, zeigte es sich, daß jeder Sohn genau gleich viele Kaninchen zu bekommen hatte.

Wie viele Kaninchen hinterließ der Bauer seinen sechs Söhnen?

Nebenverdienst im Bohnengarten

Die Huber-Bäuerin wollte in diesem Jahr in sämtliche zwölf Beete ihres Hausgartens Bohnen legen, weil sie sich davon einen besonders hohen Gewinn versprach. Damit sie nun nicht alle Bohnen auf einmal ernten müßte, bestellte sie jeden Tag ein anderes Beet. Weil aber die zuletzt geernteten Bohnen den höheren Gewinn bringen würden, sollten in jedes folgende Beet immer zwei Bohnen mehr gelegt werden als in das zuvor angesäte. Das war doch klug gedacht?

Wie viele Bohnen mußte sie von den insgesamt vorhandenen 1008 Stück in das erste Beet legen?

Melonenverkäufer

Der Bauer Sepp kam in die Stadt mit ein paar Melonen. Er verkaufte die Hälfte seiner Melonen und noch eine halbe Melone dazu. Eine ganze Melone blieb ihm übrig.

Mit wie vielen Melonen war er in die Stadt gekommen?

Das Zwiebelproblem

Eine Bäuerin hatte zweierlei Sorten Zwiebeln gezogen und meinte, die eine Sorte würde einer Kartoffelsuppe den richtigen Geschmack verleihen und die andere Sorte sich besonders für eine Gemüsesuppe eignen. Eines Tages wußte sie nicht, welche Suppe sie kochen sollte, weil ihr Mann beide Suppen gleich gern mochte. So beschloß sie bei sich, die Suppenwahl dem Zufall zu überlassen: Sie wollte in die dunkle Kammer gehen und, ohne Licht zu machen, von den 45 „Kartoffelsuppen"-Zwiebeln und den 83 „Gemüsesuppen"-Zwiebeln, die durcheinander in einem Regal lagen, einige holen. Es war der Bäuerin gleich, welche Sorte sie erwischen würde, wenn sie nur zwei Zwiebeln der gleichen Sorte dabeihätte.

Wie viele Zwiebeln mußte sie holen, um sicherzugehen, daß zwei der gleichen Sorte darunter waren?

Auf dem Wochenmarkt

Eine Marktfrau verkauft Herrn Braun die Hälfte ihrer Äpfel und schenkt dem Sohn von Herrn Braun noch einen halben Apfel. Dann verkauft sie Herrn Weiß die Hälfte der verbliebenen Äpfel und schenkt seiner Tochter auch einen halben Apfel. Herr Roth kauft die Hälfte vom Rest und einen halben Apfel. Was übrigbleibt, kauft Frau Schwarz. Sie geht mit 33 Äpfeln nach Hause.
Wie viele Äpfel hatte die Marktfrau, als sie auf den Markt kam?

Glück für Herrn Knobel

Frau Knobel erzählt ihrer Nachbarin:
„Stellen Sie sich vor, mein Mann hat großes Glück gehabt. Er hat zum Äpfelpflücken eine zehn Meter lange Leiter verwendet. Und als er heruntergefallen ist, hat er sich überhaupt nicht verletzt."
Kann das die Wahrheit sein?

Ilsebills Wunsch

Herr Mahlmann und seine Frau Ilsebill besaßen in ihrem Garten einen quadratischen Swimmingpool, an dessen Ecken vier alte Bäume standen.
Frau Ilsebill hatte nun erfahren, daß das Schwimmbecken ihrer Freundin viel größer war. Ilsebill wollte jetzt auch ein größeres Becken. Da aber Herr Mahlmann seine geliebten Bäume nicht fällen wollte, mußte er sich eine Lösung überlegen, wie das Schwimmbecken trotzdem zu vergrößern sei.
Wie konnte Herr Mahlmann sein Problem lösen?

Petri Heil

Petri Heil ist Blumenzüchter und plant derzeit, einen Seerosenteich anzulegen, der vollständig mit den Pflanzen überzogen sein soll. Er weiß, daß sich die Blätter der Seerose von Tag zu Tag in ihrer Fläche verdoppeln. Bereits nach vierzehn Tagen kann er zufrieden feststellen, daß schon die Hälfte des Teichs mit Seerosen bedeckt ist.
Wann ist sein Ziel erreicht und der Teich vollständig bedeckt?

Gärtner Gernot Grabert

Die Anlage eines Beetes von zehn Metern Länge ist das Gesellenstück, mit dem sich Gernot Grabert gerade beschäftigt. Der Länge nach sollen zwei Reihen Bäumchen gepflanzt werden. Die Bäumchen der ersten Reihe sollen einen Abstand von je einem Meter haben, die der zweiten Reihe jeweils zwei Meter auseinander stehen.

Wie viele Bäumchen werden benötigt, wenn am Anfang und am Ende jeder Reihe auch je ein Bäumchen gepflanzt werden soll?

Das Tulpenbeet

Frau Sonntag ist ganz besonders stolz auf ihr Tulpenbeet, das gerade in voller Blüte steht.

Ihre Aufregung ist groß, als plötzlich eine reife Birne ins Beet fällt. Frau Sonntag überlegt nun hin und her, wie sie die Birne aus den Tulpen herausbekommt, ohne noch mehr Schaden anzurichten.

Kirschen_{ernte}

Herr Mayer (1,66 m) und Herr Müller (1,99 m) kommen auf einem Spaziergang an einem Kirschbaum vorbei. Die Zweige mit den reifen Früchten hängen sehr hoch.
Um die Kirschen zu erreichen, klettert Herr Mayer auf die Schultern von Herrn Müller. Aber Herr Mayer kann die Kirschen trotzdem nicht pflücken; sie hängen zu hoch. Was können die beiden tun, um doch noch zu den ersehnten Kirschen zu gelangen?

Rätselgeschichten für Reisende und Ausflügler

Was muß zuerst geschehen?

Ein Bergsteiger erreicht im Schneesturm eine einsame Berghütte. Der Mann will in der Hütte den Kamin, den Herd, eine Kerze und eine Zigarette anzünden. Leider findet er in seinem Rucksack nur ein einziges Streichholz.
Was sollte er vernünftigerweise zuerst anzünden?

Wüstenexpedition

Ein Wissenschaftler möchte in der Wüste eine seltene Kakteenart erforschen. Er plant dafür einen sechstägigen Marsch durch die Wüste.
Wie viele einheimische Träger muß der Wissenschaftler mitnehmen, wenn er und jeder Träger nur für vier Tage Nahrung und Wasser mitnehmen können?

Expedition am Südpol

Eine Forschungsexpedition hat den Südpol erreicht und tritt den Heimweg an. Sie reist zuerst 100 Kilometer in genau nördlicher, dann 100 Kilometer in genau westlicher Richtung. Nach dieser Strecke ist es aus bestimmten Gründen nötig, den Südpol nochmals aufzusuchen.
Welche Richtung muß eingeschlagen werden, wenn der Pol auf dem kürzesten Weg wieder erreicht werden soll?

Amerikas Entdeckung

Der Drehbuchautor Pitzner kommt ins Studio. Endlich hat er das Drehbuch zum Film „Amerikas Entdeckung" fertiggeschrieben. Der Regisseur liest das Manuskript und braust schon nach kurzer Zeit auf. Was hat ihn wohl so in Rage gebracht? Auf Seite drei des Drehbuches steht:
„Endlich, nach einer langen und beschwerlichen Überfahrt, sichten sie Land. Es ist der 12. Oktober 1492. Pedro, der Ausguck im Mastkorb, hat die Küste im Morgendunst mit seinem Fernrohr erblickt. Trotz der frühen Stunde herrscht unbeschreiblicher Jubel unter den Besatzungsmitgliedern. Endlich Land! Endlich frische Lebensmittel…"

Picknick mit Hindernissen

Auf dem Hinweg zum großen alljährlichen Picknick befand sich in jeder Pferdekutsche genau die gleiche Anzahl Personen. Auf halbem Weg gingen zehn Kutschen zu Bruch, so daß alle übrigen je eine Person zusätzlich aufnehmen mußten. Als es Zeit war, den Heimweg anzutreten, stellte sich heraus, daß von den restlichen Wagen weitere 15 ausfielen, so daß bei der Rückfahrt in jeder Kutsche drei Personen mehr waren als bei der Abfahrt am Morgen.
Wie viele Personen nahmen an dem alljährlichen Picknick teil?

Hühnerjagd

„Wir gingen also am Sonntag alle auf die Rebhuhnjagd", berichtete Waldmann der Stammtischrunde im ‚Goldenen Anker', „und wir waren ein Großvater, drei Väter, zwei Onkel, vier Söhne, zwei Neffen, zwei Brüder und zwei Enkel. Geschossen haben wir 80 Hühner."

„Na", meinte sein Nachbar, „das war nicht sehr ergiebig. 16 Leute bei 80 Hühnern – für jeden bloß fünf Stück!"

„Wieso? Jeder bekam doch 16 Hühner! Rechnet nur genau nach!"

Waldmanns Rechnung stimmte.

Wie viele waren auf die Hühnerjagd gegangen?

Unterwegs bei sinkender Sonne

„Beeilt euch!" rief Fuhrunternehmer Müller seinen beiden Söhnen zu, „die Sonne steht schon tief. Bevor sie untergeht, müssen wir zu Hause sein!"
Die Söhne kuppelten den Anhänger an das Lastauto, stiegen vorne ein, und der Vater fuhr los. Als sie über schlechtes Pflaster kamen, fragte der Vater, ob der Anhänger auch richtig befestigt sei. Darauf beugte sich Karl, der an der Tür saß, etwas vor und sah schräg nach hinten. Er sah weder in den Rückspiegel noch öffnete er Tür oder Fenster. „Er ist noch dran", sagte er darauf. Der Vater meinte, daß er das unmöglich gesehen haben könnte, da der Anhänger viel kleiner und schmaler als der Wagen sei.
Wie hatte Karl das Vorhandensein des Anhängers dennoch mit Sicherheit festgestellt?

Reisegesellschaft mit Folgerungen

Drei Fluggäste fliegen von Frankfurt nach Indien. Ihre Namen sind Baumann, Eichler und Hahn. Einer von ihnen ist Elektriker, einer Monteur und einer Ingenieur. Aus ihrer Unterhaltung entnehmen wir folgendes:

a) Zwei Fluggäste, und zwar Herr Baumann und der Ingenieur, sollen eine Fabrikanlage aufbauen helfen.

b) Zwei Fluggäste, und zwar Herr Hahn und der Elektriker, kommen aus Hamburg, während der dritte aus München kommt.

c) Herr Eichler ist jünger als der Monteur.

d) Herr Hahn ist älter als der Ingenieur.

Wer hat welchen Beruf?

Im Düsenjet

Im Flugzeug, das von Frankfurt nach Berlin fliegt, treffen sich zwei Geschäftsleute. Der eine ist Frankfurter, der andere Berliner. Sie kommen ins Gespräch und stellen fest, daß sie beide schon sehr oft hin- und hergeflogen sind. Schließlich wollen sie aber wissen, wer von ihnen schon öfter diese Strecke geflogen ist.
„Ich bin", so verkündet der eine, „diese Strecke schon siebzehnmal geflogen."
„Und ich fliege diese Strecke zum zweiundzwanzigsten Mal!"
Welcher der beiden Herren ist der Berliner?

Grenzfall

Auf der Grenze zwischen Italien und Frankreich stoßen zwei Reisebusse zusammen. Kommen die Unverletzten in ein italienisches oder ein französisches Krankenhaus?

Eine Busfahrt im Gebirge

Auf einer Landstraße in den Bergen, die so schmal ist, daß nur ein Omnibus in der Breite Platz hat, begegnen sich an einem Sonntag vier Busse. Es kommen von jeder Seite zwei. Zum Ausweichen hat die Straße einen Rastplatz, der aber nur ein einziges Fahrzeug aufnehmen kann.

Wie müssen es die Busfahrer einrichten, damit sie ihre Fahrt schnell und ohne Stockung fortsetzen können?

Die Busfahrt

Peter und Paul steigen am Stadtrand in den Bus, um in die Stadt zu fahren. Von Zeit zu Zeit begegnet ihnen ein Bus der gleichen Linie, der stadtauswärts fährt. Peter und Paul brauchen eine Stunde, bis sie die Stadtmitte erreicht haben.

Wie viele Omnibusse sind ihnen unterwegs begegnet? Alle zehn Minuten geht ein Bus von der Stadtmitte ab.

Im Gummiboot zur Insel

Ein Elternpaar und seine zwei Jungen haben ein Problem. Sie wollen im Gummiboot zum Picknick auf eine Insel fahren. Das Boot trägt maximal 90 kg. Der Vater wiegt 76 kg, die Mutter 68 kg, Hans 47 kg und Fritz 43 kg.
Wie oft müssen sie hin- und herfahren, und wie müssen sie die Überfahrt organisieren?

Wohin fuhr das Schiff?

Irgendwo zwischen Hamburg und Neufundland schwamm der Frachtdampfer „Oliver" auf dem Atlantik. Jan und Hein, die beiden Schiffsjungen, standen eines Abends auf dem Achterdeck und schauten zu dem sternklaren Himmel hoch.
„Kannst du den Polarstern sehen?" fragte Hein.
„Klar, da drüben an Steuerbord", antwortete Jan.
Die beiden Schiffsjungen kannten natürlich den Kurs ihres Schiffes, aber wie ist das mit dir, weißt du, ob die „Oliver" nach Hamburg oder Neufundland unterwegs war?

Fahrt auf dem Rhein

Ein Lastkahn fährt von Konstanz nach Rotterdam. Der Kahn kann täglich 13 Seemeilen zurücklegen. Die ganze Strecke ist 922 Kilometer lang.
Wie viele Tage braucht der Kahn, bis er in Rotterdam ankommt?

Das Geisterschiff

Vor zwei Stunden war das Schiff von Hamburg aus in See gestochen und seitdem immer nach Norden gefahren. Herr Knifflig stand an der Reling und blickte immer nach Westen, und Herr Knoblig stand an der gegenüberliegenden Reling und schaute immer nach Osten.
Nach langem Schweigen meinte schließlich der eine: „Sie haben ja nur einen Knopf an Ihrer Windbluse, frieren Sie denn nicht?"
Da erwiderte der andere: „O nein. Sie haben ja auch Ihren Kragen nicht geschlossen."
Wie konnten die beiden Herren ohne einen Spiegel und ohne sich umzudrehen diese Beobachtungen machen?

Rätsel_{hafte} Reise

Ein Auto ist auf einer geraden Straße mit der Front nach Westen geparkt. Du steigst ein und fährst los. Nach einer Weile bemerkst du, daß du dich einen Kilometer östlich deines Ausgangspunktes befindest.
Warum?

Zeit_{ver}treib

Daniel ist mit seinen Eltern auf dem Weg in den Urlaub. Da sie im Stau stehen und ihm sehr langweilig ist, beobachtet er den Kilometerzähler des Autos.
Plötzlich entdeckt Daniel, daß der Zähler die symmetrische Zahl 15951 erreicht hat. Nach zwei Stunden zeigt der Zähler wieder einen symmetrischen Kilometerstand. Mit welcher Durchschnittsgeschwindigkeit fuhr Daniels Papi?

Auto*panne?*

In den Weihnachtsferien fuhr Familie Müller mit ihrem Auto in den Skiurlaub. Obwohl durch ein kleines Loch in einem Reifen die ganze Luft entwich, hatten die Müllers auf der Fahrt keine Probleme mit ihrem Auto und kamen wohlbehalten an ihrem Urlaubsort an.
Wie war das möglich?

Handwerks*burschen auf der Reise*

Fünf Handwerker waren lange auf der Reise. Sie hatten kein Geld mehr, aber großen Hunger. Deshalb baten sie einen Fremden, der ihnen auf der Landstraße begegnete, um etwas Geld. Der Fremde war nicht mit Glücksgütern gesegnet. Trotzdem teilte er sein Geld unter ihnen auf. Er gab einem soviel wie dem anderen und sagte:
„Es tut mir leid, daß ich nicht mehr Geld bei mir habe. Wenn ich noch 20 Pfennig mehr bei mir hätte, so hätte ich jedem von euch 18 Pfennig geben können.
Wieviel Geld hatte er bei sich? Und wieviel erhielt jeder Handwerksbursche?

Anjas seltsamer Spaziergang

Als Anja am letzten Sonntag spazierenging, da sah sie einen Polizisten beim Seilspringen; da sah sie eine Feuerspritze, als sie eine Eistüte aß; da sah sie eine Katze, als sie ein Lied summte; da sah sie eine kleine Ente, als sie auf einen Baum kletterte; da sah sie eine Amsel, als sie „Himmel und Hölle" spielte; da sah sie einen Drehorgelmann mit seinem Affen.
Träumte Anja all diese Dinge nur? Nein, alles in diesem langen Satz ist richtig, nur ist die Zeichensetzung falsch. Versuche, die Zeichensetzung zu ändern und dem Satz einen Sinn zu geben, ohne ein einziges Wort zu ändern.

Vollkommen pleite

Eine Ausflugsgruppe hat in einer Gaststätte für 30 Mark etwas getrunken. Zwei Ausflügler entdecken, daß sie kein Geld mehr haben. So zahlt jeder der übrigen Mitglieder der Gruppe 75 Pfennig mehr, damit die Rechnung beglichen werden kann.
Wie viele Ausflügler waren es?

Sigismund im Sauerland

Am ersten Tag seines Urlaubs im schönen Sauerland bestellt Sigismund eine Tasse Kaffee und ein Kännchen der berühmten Sauerlandmilch. Er trinkt einen Schluck (genau den sechsten Teil) und gießt so viel Milch nach, wie er Kaffee getrunken hat. Beim nächsten Schluck trinkt er genau den dritten Teil des Inhalts und gießt erneut mit Milch die Tasse voll. Mit dem dritten Schluck leert er die Tasse genau zur Hälfte, füllt sie wieder mit Milch auf und trinkt dann die Tasse leer. Hat er nun mehr Milch oder mehr Kaffee oder von beidem gleich viel getrunken?

Im Wochenendhaus

Im Wochenendhaus angekommen, stellt die Dame des Hauses fest, daß in der einzigen Petroleumlampe nur noch so wenig Brennstoff ist, daß der Docht nicht mehr hineintaucht.
„Da kann man nichts machen", seufzt sie, „dann müssen wir im Dunkeln sitzen!"
Ihr Mann aber lacht sie aus. „Moment mal, das werden wir gleich haben", sagt er. Zwei Minuten später brennt die Lampe.
Was hat er getan?

Zwei Züge und eine Biene

Zwei Züge fahren von zwei verschiedenen Bahnhöfen aus, die 200 Kilometer voneinander entfernt liegen, aufeinander zu. Der eine Zug fährt mit 60 Kilometern in der Stunde, der andere mit 40 Kilometern. Zugleich fliegt eine Biene los, die in der Stunde 25 Kilometer zurücklegt.
Wie weit ist die Biene geflogen, wenn die Züge sich begegnen?

Ein Eisenbahn-Problem

Bleiben wir noch ein bißchen beim Reisen. Herr Müller aus Floto ist in den USA und hat beschlossen, den nordamerikanischen Kontinent von New York nach San Francisco mit der Eisenbahn zu durchqueren. Bei der Auskunft erfährt er, daß die Fahrt fünf Tage dauert. Morgens und abends geht ein Zug. Jeden Tag also zwei. Und aus der Gegenrichtung, so sagt die junge Dame im Informations-Stand, gibt es praktisch den gleichen Fahrplan.
Unterwegs registriert Herr Müller aus Floto die Züge, denen sein Zug auf der Strecke begegnet. Er ist verwundert. Und darum fragt er seine Gastgeber in San Francisco: „Ratet mal, wie viele Züge, aus San Francisco kommend, mir auf meiner Fahrt von New York begegnet sind?"

Der Landstreicher und der Zug

Ein Landstreicher ging zwischen zwei Bahngleisen entlang, da sah er, wie ein Schnellzug ihm entgegenraste. Selbstverständlich sprang er sofort von den Schienen. Doch bevor er das tat, lief er dem Zug noch drei Meter entgegen. Warum?

Ein **guter** Rat

Herr Direktor Eilgeschwind will während einer Fahrt im ICE-Zug einen dringenden Brief auf seiner Reiseschreibmaschine schreiben, um ihn an der nächsten Station aufzugeben und zugleich den Durchschlag zur Information an seine Firma zu senden. Doch, o Schreck: In der Schreibmaschine fehlt das Farbband! Mit der Hand will er den Brief nicht schreiben, und die Zugsekretärin möchte er auch nicht bemühen. Guter Rat ist teuer. Doch ein Mitreisender gibt ihm einen Tip, der ihm die zusätzlichen Kosten einer Mietsekretärin erspart.
Wie kann er trotzdem auf seiner Maschine schreiben?

Wind und Rauch

Wenn eine Elektrolok von Kiew in der Ukraine nach Paris in Frankreich fährt und der Wind von Süden weht, in welche Himmelsrichtung zieht der Rauch ab?

Zug-Rätsel

Zwei Züge fahren in entgegengesetzter Richtung aneinander vorbei. Der eine Zug fährt mit 80 Kilometern in der Stunde. Der zweite Zug fährt in der Stunde 100 Kilometer. Wie weit sind die Züge nach 20 Minuten voneinander entfernt?

Sind wir schon hinter Wiesbaden?

Fritz und Kurt fuhren mit dem Nachtzug von Koblenz über Wiesbaden nach Frankfurt. Da der Zug um 23 Uhr 55 in Koblenz abfuhr, schliefen die beiden schnell ein. Unterwegs wachte Kurt auf und stellte sofort fest, daß sie bereits Wiesbaden passiert hatten. Wie konnte er das, obwohl es draußen stockdunkel war und er weder auf die Uhr noch auf den Fahrplan geschaut hatte?

Dunkles Geheimnis

Ein 1 km langer Zug fährt mit einer Geschwindigkeit von 60 km/h in einen 1 km langen Tunnel ein.
Wie lange braucht der gesamte Zug, um den Tunnel zu passieren?

Von Wien nach Berlin

Ein Eilzug verläßt Wien mit einer Geschwindigkeit von 50 Stundenkilometern in Richtung Berlin. Zum gleichen Zeitpunkt fährt in Berlin ein Schnellzug nach Wien ab, der eine Durchschnittsgeschwindigkeit von 60 Kilometern pro Stunde einhält.
Welcher Zug ist von Berlin am weitesten entfernt in dem Augenblick, in dem die beiden Züge sich begegnen?

Rätselgeschichten aus fernen Ländern und vergangenen Zeiten

Rätselgeschichten aus fernen Ländern und vergangenen Zeiten

Welche Blume?

Vor langer Zeit, da lebten zwei Herrscher zweier Länder, die für ihre Weisheit ebenso berühmt waren wie für ihre Schönheit. Die Königin von Saba und der König Salomon. Bei einem Besuch in ihrem Land wollte die Königin die Weisheit König Salomons auf die Probe stellen. Eine Aufgabe nach der anderen hatte er gelöst, bis sie ihn in ein Zimmer führte, das mit Blumen aller Farben und verschiedenster Größen gefüllt war. Die Königin hatte von den tüchtigsten Handwerkern und Zauberern ihres Landes diese Blumen so geschickt anfertigen lassen, daß sie wirklichen Blumen zum Verwechseln ähnlich sahen.

„Die Aufgabe ist", sagte die Königin, „die einzige echte Blume unter den künstlichen herauszufinden."

König Salomon schaute sich sorgfältig Blume für Blume an. Er suchte nach den leisesten Anzeichen von verwelkten Blättern oder Blüten, aber die Blätter und Blüten sahen an jeder Blume gleich frisch aus. Auch nach dem Duft konnte er nicht gehen, der Raum war erfüllt von herrlichsten Düften.

„Bitte", sagte König Salomon, „es ist so heiß hier. Können wir nicht die Vorhänge öffnen und frische Luft hereinlassen? Ich kann dann auch besser denken." Die Königin von Saba war einverstanden. Und kaum waren die Vorhänge eine Weile geöffnet, da wußte König Salomon, welche die echte Blume war.

Warum hat er das so schnell gewußt?

Das Rätsel der Sphinx

Ihr Name ist fast gleichbedeutend für alles Rätselhafte geworden. Als eines der scheußlichsten Ungeheuer lebt diese Löwenjungfrau der griechischen Sage bis in unsere Zeit fort. Die bis heute unübertroffene Meisterin der Rätselkunst hatte sich der thebanischen Burg bemächtigt, vertrieb sich die Zeit mit Rätselaufgaben und warf jeden, der ihre hinterhältigen Rätsel nicht raten konnte, unweigerlich den Burgfelsen hinunter. Da zog der junge Königssohn Ödipus nach Theben, um die Stadt von ihrer Plage zu befreien. Für ihn hatte sich die Sphinx ein besonders schweres Rätsel ausgedacht: „Was ist am Morgen vierfüßig, am Mittag zweifüßig, am Abend dreifüßig?

Ödipus überlegte eine Weile, dann nannte er die richtige Antwort. Worauf sich die Sphinx, tief verärgert, statt ihres Opfers selbst in den Abgrund stürzte. Der kluge Ödipus aber wurde König von Theben.
Welche Antwort hatte er der Sphinx gegeben?

Der klügste Sohn

Es lebte einmal ein Mann, der hatte drei Söhne. Als er alt und krank wurde und wußte, daß er bald sterben würde, da rief er seine Söhne zu sich.
„Ich kann Haus und Hof nicht so gerecht teilen, daß ihr alle drei den gleichen Anteil habt", sagte der Vater. „Wer sich als der Klügste von euch zeigt, der soll Haus und Hof erben. Auf dem Tisch liegt ein Geldstück für jeden. Wer etwas damit kaufen kann, das dieses Zimmer ausfüllt, der wird meinen Besitz erben."
Der älteste Sohn nahm seine Münze, ging zum Markt und ließ seine Karre mit Stroh füllen. Der zweite Sohn dachte ein bißchen länger nach, ging dann ebenfalls zum Markt und kaufte viele Säcke voller Federn. Der jüngste Sohn dachte nach und ging dann zu einem kleinen Laden. Er kaufte zwei kleine Dinge und steckte sie in die Tasche.
Am Abend rief der Vater die Söhne, um sich zeigen zu lassen, was sie gekauft hatten. Der älteste Sohn breitete das Stroh auf dem Boden aus, aber es füllte nur einen Teil des Zimmers. Der zweite Sohn schüttete die Federsäcke aus, aber sie füllten nur zwei Ecken des Zimmers. Dann lächelte der jüngste Sohn, zog die zwei kleinen Dinge aus der Tasche, und bald war das Zimmer davon erfüllt.
„Ja", sagte der Vater, „du bist wirklich der Klügste."
Was hat der jüngste Sohn gekauft, und womit hat er das Zimmer gefüllt?

Orient_{alische} Erbschaft

Ein reicher Beduine hinterließ seinen drei Söhnen 17 Kamele. Vor seinem Tod hatte er schon festgelegt, wie die Kamele aufgeteilt werden sollten:
Der älteste Sohn bekommt die Hälfte, der mittlere ein Drittel und der jüngste Sohn ein Neuntel.
Wie viele Kamele bekam jeder Sohn?

Die Karawane

Eine Trägerkarawane ist auf dem Weg durch die Wüste. Jeder Träger darf sich selbst sein Bündel aussuchen. Der schmächtige Achmed greift nach der schwersten Last, welche die Marschverpflegung enthält. Die anderen Träger lachen ihn deswegen aus. Nur wenige Tage später aber bewundern sie seine Klugheit.
Warum?

Die **Kamel**treiber

Zwei Kameltreiber standen vor einer Pyramide und warteten auf Touristen, die einen Kamelritt unternehmen wollten. Plötzlich kam ein Engländer auf die Kameltreiber zu. Er wollte aber gar nicht um die Pyramide reiten, sondern sagte:

„Wenn ihr beiden ein Kamelrennen um die Pyramide reitet, bekommt derjenige 50 Pfund, dessen Kamel zuletzt bei mir eintrifft."

Die Kameltreiber waren zuerst ratlos, bis ein alter, weiser Mann ihnen in ihrer Muttersprache etwas zurief: Daraufhin schwangen sich die Kameltreiber auf die Tiere und galoppierten los.

Was hatte ihnen der weise Alte geraten?

In der Dattelverarbeitungsfabrik

Die Reisegesellschaft blieb während ihres Afrikatrips einen Tag in einer großen Oase. Auf dem Programm stand die Besichtigung der Konservenfabrik am Rande der Oase, die ihren Hauptreichtum aus dem riesigen Dattelbestand zog. Interessiert schaute Herr Huber eine ganze Weile den geschickten Arbeiterinnen zu, die die Datteln in die Blechdosen einlegten. Mit flinken Händen ordneten sie die Datteln möglichst hübsch und doch schnell.

Herr Huber merkte natürlich mit sicherem Blick, daß nicht alle Arbeiterinnen gleich geschickt waren. Aber eine fiel ihm auf, denn sie war besonders fleißig. Mindestens drei Datteln mehr als die anderen brachte sie in jeder Dose unter. Voller Bewunderung versuchte Herr Huber den Trick zu erkennen. Da tauchte auf einmal ein Aufseher auf und schimpfte ausgerechnet diese Arbeiterin aus. Da kann man sich leicht denken, daß Herr Huber in Harnisch geriet und sich für die fleißige Arbeiterin einsetzte.

Doch der Aufseher ließ sich auf keine Debatte ein und schimpfte weiter.

Tat er der Arbeiterin Unrecht?

Der rettende Schuß

Ein Großwildjäger ist von einem Urwaldstamm gefangengenommen worden. „Wir geben Ihnen eine Chance, Ihr Leben zu retten", sagt der allmächtige Medizinmann, „wenn Sie es schaffen, mit verbundenen Augen Ihren Hut zu durchschießen, den Sie irgendwo aufgehängt haben!"
Der Großwildjäger überlegt kurz, läßt sich dann die Augen verbinden, tut genau, was ihm gesagt wurde, und erringt die Freiheit. Wie hat er es gemacht?

Ladenbrand in Tanger

Gestern hatte der Dampfer in dieser internationalen Hafen- und Schmugglerstadt angelegt, und heute wurde die Reisegesellschaft von einem sachkundigen Einheimischen durch die Stadt geführt und konnte all die vielen Sehenswürdigkeiten bestaunen.

Herr Denkfix – übrigens ein leidenschaftlicher Denksportler – war ein wenig zurückgeblieben, um sich auf eigene Faust umzusehen, denn das Geplapper des Reiseführers ging ihm langsam auf die Nerven.

Es war heiß, und die Sonne brannte erbarmungslos. Herr Denkfix war schon sichtlich müde vom vielen Schauen und Gehen. Da schreckte ihn ein ungewöhnlicher Anblick aus seiner Ruhe. Hinter einer Schaufensterscheibe eines Reiseandenkengeschäfts kräuselte sich feiner Rauch. Als Herr Denkfix genauer hinblickte, entdeckte er die Ursache. Hinter einer Papiergirlande stand ein Rasierspiegel, in dem sich die Sonnenstrahlen sammelten. Ausgerechnet im Brennpunkt des Hohlspiegels befand sich die Girlande. Im Nu konnte sie Feuer fangen und das ganze Geschäft in Brand stecken. Schnell entschlossen wollte Herr Denkfix den Ladeninhaber verständigen, aber der Laden war geschlossen. Er versuchte die Schaufensterscheibe einzudrücken, doch die widerstand seinen Anstrengungen. Da hatte Herr Denkfix eine rettende Idee.

Was tat er, um den drohenden Schaufensterbrand doch noch zu verhüten?

Fern^{weh}

Ein Sultan wurde seines Reichtums nicht froh. Sehnsüchtig blickte er jedem Vogel nach, der sich frei bewegen und in alle Welt fliegen konnte. Dies wollte der Sultan, der ganz krank vor Reisesehnsucht war, auch. Doch ein Eid, niemals die Heimaterde zu verlassen, fesselte ihn an sein Land. Es ließ ihm dennoch keine Ruhe, unablässig grübelte er über eine Möglichkeit nach. Endlich verfiel er auf eine List. Jetzt konnte er fremde Länder besuchen, ohne den strikten Wortlaut des Eides zu verletzen. Flugs lief der Sultan zu einem Schuhmacher …
Welche Anweisungen gab er ihm?

Der schlaue Dieb

Ein Dieb, der von der Palastwache beim Einbruch erwischt worden war, wurde vor den strengen Sultan gebracht.
Der Sultan verurteilte den Dieb zum Tod, erlaubte ihm jedoch, die Todesart zu bestimmen, indem er eine Aussage mache. Sei die Aussage falsch, würde er geköpft, sei sie richtig, würde er den Krokodilen vorgeworfen werden.

Was sagte der schlaue Dieb, denn er wurde weder geköpft noch von den Krokodilen gefressen, sondern freigelassen?!

Drei **Rosen**büsche

Einmal kamen Geister über ein Dorf, nahmen drei Frauen mit und verwandelten sie in drei Rosenbüsche auf einer Wiese vor dem Dorf. Sie waren in Farbe, Form und Duft vollkommen gleich, und sie hatten dieselbe Anzahl von Blättern, Blüten und Dornen.

Einer der Büsche war eine Frau, die zu Hause einen Mann und ein Kind hatte. Nach langem Bitten durfte sie jede Nacht ihre Familie besuchen. Abends, wenn die Sonne unterging, war sie bei sich zu Hause. Aber sobald am Morgen die Sonne aufging, war sie wieder einer der drei Rosenbüsche auf der Wiese. Weil sie so sehr gerne auch am Tag bei Mann und Kind sein wollte, gaben ihr schließlich die Geister eine Aufgabe für ihren Mann. Eines Nachts sagte sie dann zu ihm: „Morgen früh, wenn ich weg bin, gehst du vor Mittag auf die Wiese zu den drei Rosenbüschen. Wenn du eine Rose von dem Busch pflücken kannst, der ich bin, dann bin ich frei und kann wieder Tag und Nacht bei euch sein."

Als die Sonne aufging, war die Frau verschwunden. Nachdem der Mann dem Kind zu essen gegeben hatte, ging er zur Wiese. Lange und sorgfältig schaute er sich die drei Rosenbüsche an, und dann wußte er, welcher seine Frau war. Er pflückte eine Rose von dem Busch, und als er nach Hause kam, da wartete seine Frau mit dem Kind auf ihn. Warum wußte der Mann, welcher Rosenbusch seine Frau war?

Die Belohnung

Der indische König erlaubte dem Erfinder des Schachspiels, seine Belohnung selbst zu wählen. Der schlaue Erfinder verlangte daher vom König die Summe in Goldmünzen, die herauskommt, wenn man auf das erste Feld des Schachbretts eine Münze legt, auf das zweite zwei, auf das dritte vier, auf das vierte Feld acht Goldstücke usw.

Auf jedes der 64 Felder wird immer die doppelte Anzahl von Münzen gelegt. Beim Zusammenzählen merkte der König, daß eine riesige Summe herauskam.

Wie viele Goldstücke kamen zusammen?

Der pfiffige Astrologe

Der Hofastrologe Ludwigs XI. hatte zu sehr die Geduld des Herrschers strapaziert, so daß dieser den Entschluß faßte, sich des Mannes zu entledigen.
„Wenn du wirklich alles vorhersiehst, wie du behauptest", fauchte er ihn an, „dann nenne mir jetzt sofort den Tag, an dem du sterben wirst!"
Der Sterndeuter spürte, was es geschlagen hatte, und nahm sich sehr zusammen. Da er wußte, wie abergläubisch der König war, mußte er sein Schicksal mit dem des Königs verbinden, wenn er seinen Kopf aus der Schlinge bekommen wollte.
Was sagte er also zu dem König?

Ein kluger Mann

Vor langer Zeit lebte in einem fernen Land ein guter, aber ein bißchen schwächlicher König, dessen Minister die größte Gewalt im Land hatte. Wenn ein Mann ein Verbrechen begangen hatte und mit dem Tode bestraft werden sollte, wollte ihm der gute König noch eine allerletzte Chance geben:

Er ließ ein Kästchen bringen, in dem ein weißes Elfenbeinkügelchen und ein schwarzes Ebenholzkügelchen rollten. Dem Missetäter wurden die Augen verbunden, und er durfte sich eine Kugel herausgreifen. War es die weiße, dann konnte er sein Leben behalten, griff er die schwarze, führte man ihn dem Henker zu.

Merkwürdigerweise gelang es niemandem, das weiße Kügelchen zu erwischen – immer kam das schwarze in die Finger des Verurteilten, und im ganzen Land flüsterte man sich zu:

„Der böse Minister hat überhaupt nur zwei schwarze Kugeln in den Kasten gelegt!" Aber wie sollte man das beweisen?

Eines Tages wurde ein kluger Mann, der sich gegen die Ungerechtigkeit des Ministers aufgelehnt hatte, zum Tode verurteilt. Auch er hatte die Möglichkeit, eine Kugel zu ziehen. Er griff in den Kasten, holte eine heraus und verschluckte sie, ehe irgendein Mensch sehen konnte, welche Kugel er genommen hatte.

Warum tat er das? Und was wurde wohl aus ihm?

Drei **Ritter** und **ihr König**

Ein edler König lud einmal drei seiner Ritter auf sein Schloß ein. Auf einem Silbertablett ließ der König für seine Gäste drei Pokale mit Wein bringen. Der König verlangte nun, daß jeder der Ritter einen Weinpokal nehmen solle, aber ein Pokal auf dem Tablett verbleiben müsse.
Wie konnten die Ritter die Aufgabe lösen?

Segen der Kleinstaaterei

Im Zeichen des europäischen Zusammenschlusses kann sich heute niemand mehr so recht vorstellen, wie das mit der Kleinstaaterei in Deutschland noch vor etwa 150 Jahren gewesen ist. Jeder kleine und kleinste Staat, ja viele Städte hatten ihren eigenen Zoll und eine eigene Währung. Da kann man sich vorstellen, wie umständlich und teuer zum Beispiel das Reisen in der damaligen Zeit gewesen ist. Ganz besonders unangenehm für Reisende und Grenzgänger wurde es aber, wenn sich zwei benachbarte Staaten befehdeten. Dann wurden meist die Einfuhrzölle rigoros erhöht.

Da ergab es sich, daß einmal die Finanzminister zweier miteinander in Unfrieden lebender Staaten die gleiche – wie sie annahmen – glorreiche Idee hatten: Schlauland bewertete die Mark von Gripsland nur mit 90 Pfennig, und Gripsland setzte die Mark von Schlauland ebenfalls auf 90 Pfennig fest. Das heißt also: Im eigenen Land war die Mark immer noch 100 Pfennig wert, nur im Nachbarland galt sie 90 Pfennig.

Wo bleibt denn da der „Segen", von dem in der Überschrift die Rede ist? Allgemein gesehen, war es natürlich kein Segen. Aber ein fahrender Geselle wußte aus dieser Währungsverschiedenheit zwischen Gripsland und Schlauland einen beträchtlichen Nutzen zu ziehen.

In jener Zeit kosteten eine Wurst und ein Brot genau 10 Pfennig, und für 10 Pfennig konnte man auch einen ganzen Liter Wein haben. Unser fahrender Geselle verzehrte in der Grenzwirtschaft von Gripsland eine Wurst mit Brot, bezahlte mit einer Gripslandmark und ließ sich eine Schlaulandmark herausgeben. Mit dieser Schlaulandmark ging er in eine Grenzwirtschaft von Schlauland und trank einen Liter Wein. Er bezahlte mit der Schlaulandmark und ließ sich jetzt eine Gripslandmark herausgeben.

Man kann sich leicht denken, daß der fahrende Geselle bei diesem Währungsgeschäft dick und rund wurde und sich recht wohl in seiner Haut fühlte. Er konnte ja beliebig oft seinen Hunger oder Durst stillen. Er mußte dazu nur über die Grenze wandern, für 10 Pfennig in der Grenzwirtschaft verzehren, sich eine Mark des Feindlandes herausgeben lassen und hatte immer wieder eine richtige Mark in der Tasche.

Fürwahr, ein feines Wechselgeschäft für den fahrenden Gesellen. Dabei wurden auch die Wirte der Grenzwirtschaften in keiner Weise geschädigt.

Wer bezahlte nun eigentlich den Lebensunterhalt des schlauen Gesellen?

Das Schicksal und die Tempeltänzerinnen

Bei einem Jagdausflug stießen drei Engländer mitten im indischen Dschungel auf einen märchenhaften Tempel, der verlassen schien. Nach dem Betreten des Tempelhofs sahen sie sich jedoch plötzlich von einer Schar schwerbewaffneter Wächter umgeben. Widerstand schien zwecklos.
Schon tauchte auch der Herr des Tempels auf und sprach in reinstem Englisch:
„Verruchte Frevler, ihr habt das Heiligtum der mondäugigen Göttin entweiht, das solltet ihr mit dem Tod büßen; aber ich will euch Gelegenheit geben, euer verwirktes Leben zu retten. Hier seht ihr drei weiße und zwei braune Tempeltänzerinnen. Ich werde euch nun die Augen verbinden lassen und hinter jeden von euch eine Tänzerin stellen. Die beiden übrigbleibenden Mädchen entfernen sich. Dann wird euch die Binde wieder abgenommen, und jeder soll raten, ob hinter ihm eine braune oder eine weiße Tänzerin steht. Wer richtig rät, ist frei!"
Und so geschah es.
Die Weißen standen sich im Dreieck gegenüber, so daß jeder einzelne sehen konnte, welche Hautfarbe die Tänzerinnen hinter seinen beiden Kameraden hatten. Die Tänzerin, die hinter ihm selber stand, konnte jedoch keiner sehen. Ebenso war jede Verständigung untereinander ausgeschlossen.

Die Engländer überlegten lange. Schließlich, nach zehn bis fünfzehn Minuten scharfen Nachdenkens, riefen sie alle drei fast wie aus einem Mund: „Hinter mir steht eine weiße Tänzerin!"
Sie hatten recht und wurden freigelassen.
Wie kamen die drei Männer zu ihrer Erkenntnis?
Es sei betont, daß der Text nicht etwa eine Falle oder einen versteckten Hinweis enthält. Die Lösung ist tatsächlich durch logische Überlegungen oder, einfacher ausgedrückt, mit dem gesunden Menschenverstand möglich.

Der König und der Alchemist

Vor langer Zeit brachte eines Tages ein Alchemist seinem König eine kleine Flasche.
„Diese Flasche enthält eine Flüssigkeit, die so kraftvoll ist, daß sie alles, was sie berührt, sofort vernichtet", sagte er.
Woher konnte der König wissen, daß der Mann log?

Fotografen und Kannibalen

Drei Fotografen und drei Kannibalen reisen zusammen durch den Dschungel und kommen an einen Fluß. Das größte erhältliche Boot kann nur zwei Leute auf einmal transportieren. Die Fotografen sind nur sicher, wenn sich auf beiden Seiten des Flusses soviel Fotografen wie Kannibalen oder mehr Fotografen befinden. Andernfalls werden die Fotografen verspeist.
Wie können sie alle übersetzen?

Heirats_{pläne}

Es war einmal ein sehr reicher Mann, der seine einzige Tochter Elisabeth nur mit einem ebenfalls reichen Mann verheiraten wollte.

Da kam eines Tages ein junger Mann, dem Elisabeth so gut gefiel, daß er sie unbedingt heiraten wollte. Dieser junge Mann war aber nicht so reich, wie Elisabeths Vater sich das wünschte. Deswegen wurde der Freier abgewiesen.

Kurze Zeit später verlor der reiche Mann durch ein großes Unglück sein ganzes Vermögen. Um wenigstens seine Tochter versorgt zu wissen, bot er dem abgewiesenen Freier doch noch Elisabeths Hand an. Der junge Mann antwortete mit einem kurzen Brief, in dem nur zwei Worte standen, die im Namen der Tochter liegen.

Was schrieb der junge Mann?

Ein ganz **dickes** Problem

Ein großer dicker Indianer und ein kleiner dünner Indianer saßen vor einem Zelt, und beide rauchten eine Pfeife. Der kleine Indianer war der Sohn vom großen Indianer, der große Indianer war jedoch nicht der Vater vom kleinen Indianer.
Wie kann das sein?

Der **Schatz**sucher

In alten Unterlagen seines Großvaters entdeckt Herr Lorenz eine Aufzeichnung, die der Opa vor 20 Jahren aus Angst vor Einbrechern angefertigt hat. Der Notiz zufolge sollen wahre Reichtümer dort im Garten versteckt sein, wo um 17 Uhr die Tannenspitze ihren Schatten hinwirft. Der Enkel gräbt und findet – nichts!
Weshalb findet Herr Lorenz den Schatz nicht?

Verrücktes Karussell

In Schottland lebte einst eine steinreiche Lady, die war etwas sonderbar. Als sie alt geworden war, machte sie nämlich ein merkwürdiges Testament:
Derjenige ihrer Verwandten sollte Alleinerbe sein, der ihr ein Karussell baute, das sich ständig im Kreis drehte. Die Mitfahrer auf diesem Karussell aber sollten immer nur nach Norden blicken können und in keine andere Himmelsrichtung. Natürlich fand sich keiner im ganzen Land, der so ein verrücktes Karussell bauen konnte, und die Verwandten sahen schon das Erbe verloren. Da fand einer schließlich doch noch die Lösung.
Findet ihr sie auch?

Die Wette

Auf Burg Dunnegal haben die beiden Grafen McFoot und McGregor gewettet. McGregor hatte behauptet, daß er es schafft, eine Münze und ein Blatt Papier gleichzeitig so vom Turm fallen zu lassen, daß beide auch gleichzeitig den Erdboden erreichen. Das wollte McFoot nicht glauben und wettete dagegen. Sogleich gingen sie auf den Schloßturm, und McGregor ließ, wie behauptet, Münze und Blatt fallen. Beide kamen gleichzeitig unten an. Wie machte er es?

Schlecht gerechnet

Einmal machte ein Müßiggänger einen Bund mit dem Teufel. Der arbeitsscheue Mann wohnte an einem Fluß. Der Böse versprach ihm, alles Bargeld, das er im Hause habe, zu verdoppeln, wenn er damit über die Brücke gehe; und er verlangte nichts dafür, als daß der Mann vierundzwanzig Taler davon ins Wasser werfe, wenn er wieder über die Brücke zurückgehe. Das dürfe er wiederholen, sooft er wolle.

Der Einfältige schlug mit Freuden ein. Er suchte alles Bargeld im Haus zusammen und machte sofort die Probe. Wirklich, der Satan war ehrlich und hielt Wort, und der andere natürlich auch. Beim zweiten Mal ging es noch gut. Als er aber zum dritten Mal mit seiner verdoppelten Barschaft zurückkehrte und zum dritten Mal das ausbedungene Brückengeld ins Wasser warf, war er blank! Der arme Betrogene ging leer nach Haus und hatte nichts mehr in den Strom zu geben als Tränen um seine verlorene Barschaft.

Wer rechnen kann, wird es bald heraushaben, wieviel Geld der Betrogene beim ersten Mal über den Strom trug. Wer es nicht so geschwind herausbekommt, darf ausnahmsweise einmal in der Lösung spicken!

Die Zauberstäbe

Vor langer Zeit reisten in Indien die Richter von Dorf zu Dorf.

Eines Tages kam ein Richter zu einem Gasthaus. Der Wirt war sehr wütend. Jemand hatte gerade den goldenen Ring seiner Tochter gestohlen. Der Richter hieß ihn, sich keine Sorgen zu machen, und ließ alle Gäste rufen, damit er sie befragen konnte. Weil er nach ihren Antworten nicht herausbekommen hatte, wer der Dieb war, wollte der Richter einen alten Trick anwenden. Er sagte allen, daß er nun die Stäbe der Wahrheit benützen würde.

„Meine Zauberstäbe", erklärte er, „werden den Dieb fangen."

Er ließ jedem Gast über Nacht einen Stock unter das Bett legen.

„Der Stock unter dem Bett des Diebes wird über Nacht zwei Zentimeter wachsen", sagte der Richter. „Am Morgen werden wir alle Stöcke vergleichen, und wer den längsten Stock hat, der ist der Dieb."

Am nächsten Morgen mußten alle Gäste ihre Stöcke an den Stock des Richters halten, um zu zeigen, welcher gewachsen war.

Einer nach dem anderen war gleich lang, keiner war gewachsen.

Plötzlich rief der Richter: „Das ist der Dieb! Sein Stock ist kürzer als alle anderen!"

Eine Frau gestand den Diebstahl und gab den Ring zurück. Doch die Gäste wußten nicht, was sie von den Zauberstäben halten sollten. Zuerst hatte der Richter doch gesagt, der mit dem längsten Stock würde der Dieb sein, aber nun war es der mit dem kürzesten.
Warum?

Rätselgeschichten
für Rechenkünstler

1×1=?

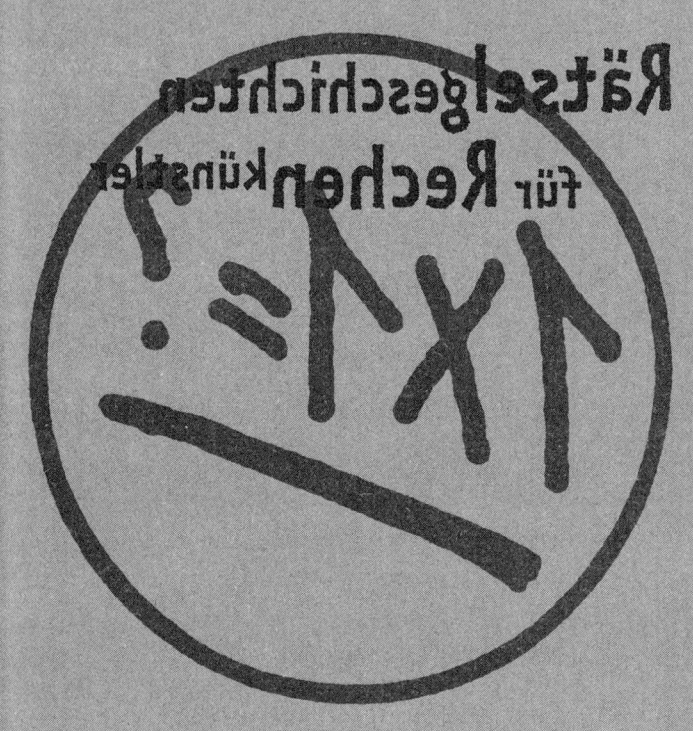

Treff**punkt** Schule

Ein Vater holt täglich zur gleichen Zeit seine Tochter von der Schule ab und fährt mit ihr zum Mittagessen nach Hause.

Eines Tages hat die Tochter früher aus und läuft sofort ihrem Vater entgegen. Nach 30 Minuten trifft sie ihren Vater. Beide treffen 20 Minuten früher zu Hause ein als an anderen Tagen.

Um wieviel früher hatte die Tochter die Schule aus?

Hohe **Mathe**matik!

Familie Blume hatte drei Kinder: Jette, Till und Nicki. Das Alter der Kinder zusammen ergab damals halb so viele Jahre wie das der Mutter. Drei Jahre später wurde noch die kleine Nora geboren. Als diese 2 Jahre alt ist, ist Frau Blume genauso alt wie alle ihre Kinder zusammen.

Ein Jahr später kommt noch Jan auf die Welt. Bei dieser Gelegenheit ist Jette so alt wie Nicki und Nora zusammen. Als Jan 9 Jahre alt ist, beträgt das Alter aller Kinder zusammen das Doppelte von dem von Frau Blume, die jetzt genauso alt ist wie Jette und Till zusammen. Jette ist nun so alt wie Nora und Jan zusammen.

Wie alt ist jeder von ihnen jetzt?

Wie alt?

Zu seinem siebenjährigen Sohn sprach der Vater:
„Ich bin jetzt etwas mehr als viermal so alt wie du. Wenn ich genau dreimal so alt sein werde wie du, schenke ich dir ein Fahrrad, wenn ich doppelt so alt bin, ein Auto."
Mit wieviel Jahren bekommt der Sohn das Fahrrad, in welchem Alter das Auto?

Treppenstufen

Alexander stellt seinem Freund Thomas eine schwierige Aufgabe: „Bis zu unserer Wohnung sind es 19 Stufen. Wenn ich Zeit habe, gehe ich immer drei Schritte hinauf und zwei Schritte hinunter. Nach wie vielen Schritten bin ich oben angelangt?

Häusliche Komplikationen

Hier haben wir eine hübsche kleine verzwickte Angelegenheit aus dem normalen Alltag, die eine gute Hausfrau im Handumdrehen löste, die aber einen Mathematiker an den Rand des Wahnsinns trieb.
Smith, Jones und Brown waren gute Freunde. Nachdem Browns Frau gestorben war, führte ihm seine Nichte den Haushalt. Smith war ebenfalls Witwer und wohnte mit seiner Tochter zusammen. Als Jones heiratete, machten er und seine Frau den Vorschlag, daß sie alle zusammenziehen sollten. Jeder einzelne (ob männlich oder weiblich) sollte am Ersten des Monats für Haushaltskosten 25 Dollar einbringen, und was davon am Monatsende übrig war, sollte gleichmäßig zwischen allen geteilt werden.
Im ersten Monat betrugen die Ausgaben 92 Dollar. Als der Rest verteilt wurde, erhielt jeder eine runde Summe.
Wieviel Geld bekam jeder, und warum?

Aus der Schneiderwerkstatt

Eine Schneiderin hat den Auftrag bekommen, Puppenkleider zu nähen. Dazu muß sie einen 100 Meter langen Stoff in Stücke schneiden, die jeweils einen Meter groß sind.
Wie viele Schnitte muß die Schneiderin machen?

Wunderbare Freilassung

Als die Gefängnisse in Chicago einmal wieder besonders voll waren und es keinen Platz für ein paar Schwerverbrecher gab, beschloß ein Richter, drei harmlose Gefangene freizulassen.

Der Richter wählte die Gefangenen mit den Nummern 3, 1 und 6 aus und sagte zu ihnen: „Wenn es euch gelingt, euch so hinzustellen, daß die Nummern auf euren Anzügen eine dreistellige Zahl bilden, die durch sieben teilbar ist, dann lasse ich euch frei. Wenn es euch nicht gelingt, werden drei andere Gefangene freigelassen."

Wie stellten sich die drei auf?

Rechenaufgabe

Wenn man aus einem Obstkorb mit 25 Aprikosen fünf Aprikosen nimmt, wie viele Aprikosen hat man dann?

Das phantastische Fahrrad

Ein Fahrrad fährt mit einer Geschwindigkeit von 10 km/h bergauf und kehrt mit einer Geschwindigkeit von 20 km/h wieder zurück.
Wie hoch ist die Durchschnittsgeschwindigkeit der ganzen Fahrt?

Schulden

„Eine schöne Perlenkette ist das", sagte Meier zum Juwelier, „die kaufe ich. Hier, ich zahle die Hälfte jetzt, die andere Hälfte bleibe ich schuldig."
„Gut", sagte der Juwelier.
Als Monat für Monat, Jahr um Jahr verstrich, ohne daß Meier zahlte, verklagte ihn der Juwelier.
„Was wollen Sie denn?" fragte ihn der Richter erstaunt. „Sie haben doch Geld erhalten. Mehr kriegen Sie nie!"
Stimmt das? War der Handel wirklich perfekt?

Neunzig **Prozent** richtig

Zehn Leute mit Hüten gingen eine Straße entlang, als ein plötzlicher Windstoß ihnen die Hüte vom Kopf blies. Ein hilfsbereiter Junge brachte sie zurück und gab jeder Person einen Hut, ohne zu fragen, wem welcher Hut gehöre.
Wie hoch ist die Wahrscheinlichkeit, daß genau neun Leute ihren eigenen Hut zurückerhielten?

Ringe

Bärbel besitzt zwei silberne Ringe, die sie immer trägt. Sie steckt die beiden Ringe aber nie zusammen an einen Finger. Und an die Daumen überhaupt keinen. Wie viele Möglichkeiten hat Bärbel, ihre Ringe zu tragen?

Familie **Kinder**reich

Herr und Frau Professor Fitzer haben vier Mädchen. Jedes dieser Mädchen hat einen Bruder.
Wenn man die Eltern dazuzählt, wie viele Köpfe zählt dann die ganze Familie?

Tröpfchenweise

Aus einem Wasserhahn mit einer besonderen Vorrichtung tropfen pro Tag vier Tropfen in ein Faß, das 250 Liter faßt. Ein Tropfen hat 0,0002 Liter.
Wie lange dauert es, bis das Faß voll ist?

In der Milchbar

Sieben Leute waren Stammgäste in „Mike's Milchbar": Heinz kam täglich, Fred jeden 2. Tag, Claas jeden 3. Tag, Ernst jeden 4. Tag, Gerd jeden 5. Tag, Olaf jeden 6. Tag, und Bernd kam jeden 7. Tag. Und eines Tages saßen sie zufällig alle zusammen in der Milchbar. Der Wirt sagte: „Wenn ihr wieder mal alle hier zusammenkommt, spendiere ich eine Runde!" Und dabei dachte er: Das wird ja so schnell nicht sein.
So schnell nicht – aber wann eigentlich?

Rechner_{isches}

Sandra soll Bälle kaufen. Zur Auswahl hat sie rote, blaue und kleine gelbe Bälle. Ein großer roter Ball kostet 15 Mark, ein blauer 1 Mark und ein kleiner gelber Ball 25 Pfennig. Wie viele Bälle kann sie von jeder Sorte kaufen, wenn sie nicht mehr und nicht weniger als 100 Mark ausgeben darf?

Arithmetik _{auf} Schleich_{wegen}

Eine Mundharmonika kostet eine Mark mehr als ein Bleistift. Beides zusammen kostet 1 Mark und 10 Pfennig.
Wieviel kostet dann jedes für sich?

Kopfrechnen schwach

Zwölf königliche Wachsoldaten sollen zwölf Stunden lang Wache stehen; eine einfache Rechnung für jeden. Doch einer von ihnen wird plötzlich krank. Die restlichen elf Mann müssen sich die Zeit teilen. Wie sollen sie diese Teilung in der Praxis durchführen? Denn im Kopfrechnen sind sie alle schwach. Da hat einer von ihnen einen guten Gedanken, und die Ablösung geht nun reibungslos vonstatten.
Welche Idee hatte der findige Kopf?

Altersangabe

Wenn du Olafs Alter mit sich selbst multiplizierst und Wolfgangs Alter dazuzählst, so erhältst du 62 Jahre. Multiplizierst du aber Wolfgangs Alter mit sich selbst und zählst Olafs dazu, so sind es 176.
Wie alt sind Wolfgang und Olaf?

Versteckte Zahlen

Zu Großtante Inges Geburtstag kamen fröhliche Gäste: die siebengescheite Tante Elfriede mit ihrer Tochter Elfi. Sodann Herr Wachtmeister Dreier vom nahen Polizeirevier, die zwei Großneffen Ronni und Rudi und zuletzt die einsame Rentnerin Vierlinger, die einstmals als Opernsängerin gefeiert wurde. Sie sang sogar in der Dreigroschenoper. Sie wollte nur ein Viertelstündchen bleiben, aber sie blieb – wie alle Gäste – bis um Mitternacht. Großtante Inge schaute nicht verzweifelt drein. Sie liebte Geselligkeit, trug reichlich auf, was Küche und Keller boten, und achtete darauf, daß sich die Gratulanten bei ihr wohl fühlten. Großtante Inge feierte nämlich einen besonderen Geburtstag, gewissermaßen ein Jubiläum. Wie alt sie allerdings genau wurde, das verriet sie nicht. Wenn du aber in diesem Text zu lesen verstehst, wirst du auf eine Reihe von versteckten Zahlen stoßen. Beispiel: Im Namen der Rentnerin Vierlinger ist eine 4 enthalten! Wenn du alle diese in den Text hineingeschmuggelten Zahlen zusammenzählst, weißt du, wie alt die Großtante geworden ist.

Schulden

Franz leiht sich von Fritz 1000 Mark. Nach einem Monat sind 500 Mark zurückzuzahlen, nach dem zweiten Monat 250 Mark und so fort jeweils einen Monat später die Hälfte der Restschuld.
Wann ist der geliehene Betrag zurückgezahlt?

Falschmünzer

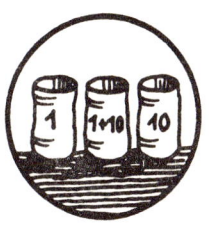

Drei Dosen enthalten je zwei Münzen. Eine enthält zwei Pfennige, eine zwei Groschen und eine einen Pfennig und einen Groschen. Alle drei Dosen sind falsch beschriftet.
Wenn du immer nur eine Münze auf einmal herausnehmen darfst, wie oft mußt du dann zugreifen, um alle Dosen richtig beschriften zu können?

Das Geld liegt auf der Straße

Benno und Nina waren auf dem Weg in die Stadt, um für ihre Mutter ein Geburtstagsgeschenk zu kaufen. Aus diesem Grund hatten sie auch ihre ganzen Ersparnisse dabei. Plötzlich fanden sie 20 Mark auf der Straße. Benno nahm das Geld gleich an sich und sagte:
„Wenn ich das Geld einstecke, habe ich doppelt soviel wie du!"
Nina war damit aber nicht einverstanden:
„Wenn du die 20 Mark mir geben würdest, hätten wir beide gleich viel Geld."
Wieviel Geld hatten die beiden am Anfang?

Tilmann Ticker

Tilmann Ticker ist ein begeisterter Sammler alter Uhren. Zu seinen Paradestücken gehören eine Taschenuhr, eine Wanduhr, eine Tischuhr und eine Standuhr. Sie gehen alle ganz genau, mit Ausnahme der Tischuhr. Sie läuft exakt, obwohl sie stets die falsche Zeit anzeigt und auch falsch schlägt.
Als heute mittag das Radio „12 Uhr" meldete, zeigte die Tischuhr 18 Uhr 18 an und schlug sieben Mal.
Welche Zeit gibt diese Uhr an und wie oft schlägt sie, wenn das Radio genau „20 Uhr" meldet?

Uhrenrätsel

Wie oft stehen von 12 Uhr (Mittag) bis 12 Uhr (Mitternacht) die Zeiger einer Uhr so, daß bei ihrem Vertauschen die gleiche Zeit herauskommt?

Noch ein Uhrenrätsel

Angenommen, ein Mann hat zwei Uhren, die beide genau gehen. Eine von ihnen hat er einem Freund ausgeliehen, der sie verstellt hat. Als der Mann die Uhr zurückerhält, zeigt sie fünf Minuten vor halb sechs an. Auf der anderen, richtiggehenden Uhr ist es fünf Minuten vor zwölf.
Wie spät ist es tatsächlich, wenn die verliehene Uhr neun Uhr anzeigt?

Die richtige Uhrzeit

Von zwei Uhren geht eine pro Tag eine Minute vor, die andere steht und läßt sich nicht mehr aufziehen. Welche Uhr zeigt innerhalb eines ganzen Jahres häufiger die richtige Zeit an?

Pfiffiges mit der Uhrzeit

Plötzlich in der Nacht wachte Andi auf. Die Leuchtzeiger des Weckers auf seinem Nachttisch zeigten, daß es gerade 2 Uhr war.

Andi mußte jeden Morgen um 7 Uhr aufstehen, um rechtzeitig in der Schule zu sein. Aber für den kommenden Tag war ein Schulausflug geplant. Siedend heiß fiel ihm ein, daß er deswegen eine Stunde früher zum vereinbarten Treffpunkt am Omnibusbahnhof erscheinen sollte. Also mußte er den Wecker um eine Stunde vorstellen. Er wollte aber, da er sehr rücksichtsvoll war, nicht aufstehen und kein Licht im Schlafzimmer anmachen, denn seine kleine Schwester Natalie schlief mit ihm im gleichen Zimmer. Leider konnte Andi den Stellzeiger des Weckers, der auf 7 Uhr eingestellt war, nicht sehen, denn dieser hatte keine Leuchtanzeige.

Wie half sich der Junge, um ruhig wieder einschlafen zu können und doch am nächsten Morgen eine Stunde früher als gewöhnlich und pünktlich vom Wecker geweckt zu werden?

Ticktack

Eine Uhr schlägt zu jeder vollen Stunde die Stundenzahl und einmal jede Viertelstunde. Wenn du sie einmal schlagen hörst, wie lange mußt du höchstens warten, um sicher zu sein, wie spät es ist?

Verschlüsselte Uhrzeit

Der Nachmittagsunterricht war wieder einmal tödlich langweilig, und Martin wollte von seiner Banknachbarin Elke die Uhrzeit erfahren. Elke antwortete im Flüsterton: „Es ist jetzt zweimal so viele Minuten nach 14 Uhr, wie es vor 35 Minuten zweimal so viel nach eins war."
Wie spät war es wirklich?

Sanduhren

Ein Uhrensammler besitzt zwei Sanduhren, mit denen er die Zeitspanne von genau 13 Minuten abstoppen will.
Wie macht er das, wenn die eine Sanduhr fünf Minuten läuft und die andere sieben Minuten?

Wie spät ist es?

Herr Rätselmeier wird von seinem Kollegen nach der Uhrzeit gefragt. Herr Rätselmeier antwortet: „Es fehlen so viele Minuten auf 18 Uhr wie es vor 50 Minuten viermal so viele Minuten vor 15 Uhr waren."
Weißt du, wie spät es ist?

Der mathematische Polizist

„Einen wunderschönen guten Morgen, Herr Wachtmeister", sagte Mr. McGuire. „Können Sie mir wohl sagen, wie spät es ist?"

„Durchaus", erwiderte Wachtmeister Clany, der bei seiner Behörde allgemein als „der mathematische Bulle" bekannt war. „Wenn Sie einfach ein Viertel der Zeit seit Mitternacht bis jetzt zur halben Zeit von jetzt bis Mitternacht hinzufügen, dann haben Sie die genaue Uhrzeit."

Wann fand diese rätselhafte Unterhaltung statt?

Besuch von Oma

Die Oma sagt zu Klein-Emil: „In dieser Tüte sind 20 Gummibärchen: acht rote, sieben grüne und fünf weiße.
Schließe die Augen und hole dir Gummibärchen heraus. Dabei mußt du aber folgende Bedingung erfüllen: Es müssen mindestens vier Gummibärchen einer Farbe und mindestens drei einer anderen Farbe in der Tüte bleiben."
Wie viele Gummibärchen darf Emil höchstens aus der Tüte nehmen?

Der Erbstreit

Ein Bauer hatte seinen Söhnen einen Sack alter Münzen hinterlassen, und die Söhne gerieten sich heftig in die Haare, als sie versuchten, das Gewicht ohne Waage zu bestimmen. Der eine wog den Sack in der Hand, nannte eine gewisse Anzahl Pfund und behauptete, der Sack wöge drei Pfund mehr als die zuerst genannte Anzahl Pfund. Der andere Sohn aber entgegnete, der Sack wöge dreimal soviel wie die vom ersten Sohn zuerst genannte Anzahl, jedoch weniger drei Pfund. Zufällig kam die Schwester dazu und ließ sich den Streit genau erklären, und plötzlich lachte sie laut auf.
Warum wohl?

Wie viele Blätter hat eine Eiche?

Mechthild hat mit ihrer Tante Hildegard einen ausgedehnten Spaziergang durch den Wald gemacht. Jetzt ist sie müde und durstig und möchte gerne von der Tante 1 Mark für ein Eis haben.

„Ich gebe dir gern die Mark", sagt die Tante, „aber beantworte mir zuvor eine Frage: Wie viele Blätter sind auf dieser Eiche?" Dabei bleibt die Tante stehen und deutet auf einen mächtigen Baum.

Mechthild findet die Frage zunächst schrecklich schwer, denn wie soll sie all die Blätter zählen. Doch dann hat sie die Lösung und sagt: „Vierhundertunddreitausendsechshundertzweiundzwanzig Blätter."

Erstaunt bleibt die Tante stehen und fragt Mechthild: „Woher willst du das denn so genau wissen?"

Jetzt lacht Mechthild und sagt ...

Ja, was sagt Mechthild?

Pillenschachtel

In einer Pillenschachtel liegen 66 bunte Tabletten. Es sind doppelt so viele weiße als grüne, eine blaue weniger als grüne, sieben rote mehr als grüne.
Wie viele Tabletten von jeder Farbe sind in der Pillenschachtel?

Rätselgeschichten für Schnelldenker

Ist auch logo!

Eine große Mauer

Angenommen, von Paris bis Peking soll eine Mauer gebaut werden, die fünf Meter hoch ist und zwei Meter dick. Ein Kilometer der Mauer würde 300 Tonnen wiegen.
Wie viele Tonnen würde die Erde dann mehr wiegen?

Ein freundliches Mädchen

Sarah kommt jeden Tag auf ihrem Schulweg an der Metzgerei Winzig vorbei. Wenn sie den Metzger sieht, grüßt Sarah immer ganz artig: „Guten Tag, Herr Winzig!"
Doch jeden Dienstag sagt Sarah: „Guten Tag, Herr Würstchen!"
An einem Dienstag spricht Herr Winzig Sarah an und fragt sie, warum sie ihn „Herr Würstchen" nenne.
Sarah lacht und sagt ...
Ja, was sagt Sarah?

Maibäume

In drei Dörfern steht jeweils ein Maibaum. Der höchste Maibaum ist doppelt so hoch wie der niedrigste. Der mittelhohe Maibaum ist um so viel höher als der niedrigste, als der höchste Maibaum größer ist als der mittlere!
Wie hoch sind die einzelnen Maibäume, wenn alle zusammen 45 m hoch sind?

Eine Grammatikfrage

Wie muß es heißen: *Der* Dotter ist weiß oder *das* Dotter ist weiß?

Die Geburtstagstorte

Mia hat für ihre Schwester Sabrina zum 15. Geburtstag eine tolle Torte gebacken. Sabrinas Kuchen wog 500 g und einen halben Kuchen. Der große Bruder Stefan wünscht sich nun zu seinem 30. Geburtstag eine doppelt so schwere Torte, weil er ja doppelt so alt wird.
Wie schwer muß Stefans Torte werden?

Schwierige Kuchenteilung

Gerda hat ihre sieben Freundinnen zum Kaffee eingeladen. Die große Schwester trägt einen duftenden Nußkuchen herein. Bevor die acht Mädchen sich aber auf den Kuchen stürzen dürfen, müssen sie noch eine Rätselfrage beantworten:

„Wie kann man diesen runden Nußkuchen mit nur drei Messerschnitten in acht gleich große Stücke zerteilen?"

Zum Glück fällt der schlauen Susi schnell die Lösung ein, denn sonst müßten die Mädchen ja verhungern!

Wie heißt wohl Susis Lösung?

Münzenaufgabe

Zwei Münzen sind zusammen sieben Mark wert, aber eine von ihnen ist kein Fünfmarkstück.

Um welche Münze handelt es sich?

Socken-Chaos

26 rote Socken und 26 blaue Socken liegen durcheinander in einer Schublade in einem dunklen Zimmer. Wie viele Socken muß man mindestens herausnehmen, um zwei Socken von der gleichen Farbe anziehen zu können?

Konfetti

Die Kinder wollen für ihre geplante Faschingsparty Konfetti herstellen. Uta will das Buntpapier dreimal falten, um die dreifache Menge Konfetti mit dem Bürolocher herauszustanzen. Evi meint, Uta bekomme dadurch die sechsfache Menge. Wer hat recht?

Spaziergang

Angenommen, du gehst mit einer Geschwindigkeit von fünf Kilometer in der Stunde. Ein drei Kilometer langer Pfad führt geradewegs durch einen drei Kilometer tiefen Wald.
Wie weit kannst du in einer halben Stunde in den Wald gehen?

Wellenmachen

Ein Ruderboot treibt in einem Schwimmbassin. Wodurch steigt der Wasserspiegel – dadurch, daß man einen Stein ins Wasser wirft, oder dadurch, daß man denselben Stein ins Boot legt? Macht es überhaupt einen Unterschied?

Peters Traum

Peter hat einen schrecklichen Alptraum. Er träumt, seine beiden besten Freunde, die beide nicht schwimmen können, seien von einer Brücke ins Wasser gefallen. Peter kann aber nicht beide gleichzeitig retten.
Was soll er tun?

Alles naß

Für ein Rezept braucht man vier Tassen Wasser. Du hast nur einen Behälter, der drei Tassen, und einen, der fünf Tassen faßt.
Wie kannst du vier Tassen abmessen?

Das Frühstücksei

Eine Bäuerin besaß keine Hühner und kaufte keine Eier. Sie bekam nie ein Ei geschenkt und borgte sich auch nie Eier. Sie hat auch noch nie Eier gestohlen, trotzdem aß sie jeden Morgen zwei hartgekochte Eier zum Frühstück.
Wie war das möglich?

In Nachbars Garten

Wenn Nachbars Hahn ein Ei in euren Garten legen würde, wem würde das Ei dann gehören?

Sitzordnung

Acht Kinder sitzen nebeneinander auf einer Parkbank. Sie können aber nicht stillsitzen und wechseln jede Minute ihre Plätze.
Wenn die Kinder alle möglichen Sitzordnungen ausprobieren wollten, wie viele Möglichkeiten gäbe es? Und wie lange würde das Ausprobieren dauern, wenn jede Minute die Plätze getauscht würden?

Der Goldfisch

Stell dir vor, du hast einen Goldfisch in einem Goldfischglas. Du stellst das Glas auf eine Waage. Wenn sich nun der Goldfisch auf dem Boden des Glases vom Herumschwimmen ausruht, ändert sich dann die Anzeige der Waage?

Gut dosiert

Du hast zwei mit Wasser gefüllte Dosen und einen großen leeren Behälter. Gibt es eine Möglichkeit, alles Wasser so in den Behälter zu füllen, daß du bestimmen kannst, welches Wasser aus welcher Dose stammt?

Prügelstrafe

Herr Kräftig erzählt seinem Nachbarn:
„Meine Frau und meine sechs Kinder können ohne Schläge nicht leben."

Der Nachbar wundert sich sehr, denn die Familie Kräftig gilt allgemein als sehr friedlich.

Handelt es sich um ein Mißverständnis?

Frau Windsacks Geschenk

Professor Windsack benutzt gerne große Worte und pflegt alles so kompliziert wie möglich auszudrücken. Zum Geburtstag überreichte er seiner Frau ein Geschenk mit den Worten:
„Meine Liebe, dies ist ein minimaler, gelbmetallener gestumpfter Kegel, am Scheitelpunkt konvex und semiperforiert mit symmetrischen Einkerbungen und mit hohlem Inneren."
Errätst du, was sich in der Schachtel befindet?

Geheimnisvolle Krankheit

Es gibt eine Krankheit, die man nur in einem fremden Bett bekommt und die wieder vergeht, wenn man im eigenen Bett liegt.
Welche Krankheit ist gemeint?

Der perplexe Patient

Wenn ein Arzt dir neun Pillen gäbe und sagte, du solltest alle halbe Stunde eine nehmen, wie lange kämst du damit aus?

Seemannsgarn?

Aus einer Hafenbar schiebt sich Schiffsjunge Piet. Es ist schon spät nach Mitternacht. Er lacht vor sich hin: „Zwei Typen sitzen da nur noch drin, und der eine ist der Vater des Sohnes vom anderen..."
Kann das stimmen? Oder hat Piet etwas zu tief ins Glas geschaut?

Wahr oder falsch?

Du weißt, daß die Einwohner von Jamais stets lügen, während die Einwohner von Toujours immer die Wahrheit sagen. Du triffst einen Mann, von dem du weißt, daß er entweder aus Jamais oder aus Toujours stammt. Du möchtest wissen, aus welchem Dorf er kommt.
Wie kannst du dies mit einer einzigen Frage herausfinden?

Merk_{würdige Gäste}

Auf einer Party von Lügnern und Wahrheits-Sagern lernst du einen neuen Bekannten kennen. Er erzählt dir, er habe ein Gespräch belauscht, in dem ein Mädchen ihre Identität enthüllte, als sie sagte, sie sei eine Lügnerin.
Ist dein neuer Bekannter ein Lügner oder ein Wahrheits-Sager?

Wer ist wer?

Ein Junge und ein Mädchen unterhalten sich.
„Ich bin ein Junge", sagt das schwarzhaarige Kind.
„Ich bin ein Mädchen", sagt das rothaarige Kind.
Wenn mindestens einer von ihnen lügt, wer ist dann was?

Grab_ungen_

Wenn acht Bauarbeiter acht Tage brauchen, um einen Graben für die Telefonleitung zu graben, wie lange brauchen dann vier Arbeiter, um einen halb so großen Graben zu bekommen?

Tief_schürfende_ Frage

Wenn sieben Männer sieben Tage brauchen, um sieben Löcher zu graben, wie lange braucht dann ein Mann, um ein halbes Loch zu graben?

Welcher Wochen_tag?_

Wenn gestern morgen Donnerstag war, welcher Tag ist übermorgen gestern?

Köpfchen, Köpfchen!

Gisela wohnt in einem Haus, das genau in der Mitte von zwei aufeinanderfolgenden Bushaltestellen liegt. An welcher Haltestelle muß sie aussteigen, wenn sie ganz schnell nach Hause will?
Welcher Weg beansprucht am wenigsten Zeit?

Waagenrätsel

Christoph hat eine schwierige Aufgabe zu lösen. Vor ihm liegen neun Kugeln. Eine von ihnen ist schwerer als die anderen acht Kugeln.
Wie kann Christoph diese schwere Kugel herausfinden, wenn er nur zweimal die Waage benutzen darf?

Die Geburtstagseinladung

Der fast 20jährige Max lädt alle seine Freunde zu einer großen Geburtstagsparty ein. Auf der Einladung steht jedoch:
„Ich lade Euch herzlich zu meinem fünften Geburtstag ein."
Hat Max einen Scherz gemacht?

Der Schlangenbeschwörer

Markus sieht im Zirkus einen Schlangenbeschwörer, der mit einer riesigen Schlange alle möglichen Kunststücke vorführt. Nach der Vorstellung trifft Markus zufällig den Schlangenbeschwörer. Markus, der sehr beeindruckt ist, will vom Künstler wissen, wie lang die Schlange sei. Der Künstler antwortet:
„Die Schlange mißt drei Meter und ihre halbe Länge." Markus ist zunächst etwas verwirrt, weiß dann aber, wie lang die Schlange ist.
Weißt du es auch?

Hoch_{seilakt}

Eine Seiltänzerin geht über ein in 15 Metern Höhe gespanntes Drahtseil. Eine vier Meter lange Balancierstange hilft ihr, das Gleichgewicht zu halten. Auf ihrem Kopf balanciert sie außerdem noch fünf Tennisbälle. Wie verhindert die Seiltänzerin, daß ihr die Tennisbälle vom Kopf fallen? (Sie braucht beide Hände für die Balancierstange!)

Gibt es **Wunder**teller?

Sebastian sitzt in der Küche und ißt und ißt und ißt. Aber je mehr er ißt, desto mehr liegt auf seinem Teller. Als er endlich satt ist, stellt er den vollen Teller auf die Spüle. Wie kann das sein?

Was kann das sein?

Felix besitzt etwas, was nur ihm ganz allein gehört, aber von anderen Menschen häufiger gebraucht wird als von ihm selbst. Und Felix nimmt dies den anderen nicht einmal übel.
Warum wohl?

Die Fahrradpanne

Benny war mit seinem Fahrrad auf dem Weg zur Schule. Nachdem er zwei Drittel des Wegs schon hinter sich hatte, fuhr er über ein paar Glasscherben. Sein hinterer Reifen verlor sofort die Luft.

Den Rest der Strecke mußte er nun sein Fahrrad schieben. Dafür brauchte Benny doppelt soviel Zeit wie für die Strecke, die er auf dem Fahrrad gefahren war.

Wieviel schneller wäre er mit dem Fahrrad gewesen?

Das Selbstbildnis

Ein berühmter Maler, der für seine Portraits weithin bekannt war, malte einmal ein Selbstbildnis, das ihm komischerweise nur entfernt ähnlich sah.
Woran lag das wohl?

Die gerechte Teilung

Unter 21 Weinflaschen befinden sich sieben volle, sieben leere und sieben halbvolle. Nun sollen diese Flaschen unter drei Personen so verteilt werden, daß jeder gleich viel Flaschen und gleich viel Wein bekommt.
Wie muß geteilt werden?

Weitsicht

Auf einem Berg im Schwarzwald saß ein Hirte inmitten seiner weidenden Herde. Er genoß die schöne Aussicht. Ein Wanderer kam des Wegs, bewunderte gleichfalls den Ausblick, und da er sich ein bißchen aufspielen wollte, redete er den Hirten an:
„Einen weiten Blick habt ihr hier."
„Und ob", erwiderte der Schäfer, „weit können wir sehen."
„Sicher könnt ihr gar nach Amerika sehen", ulkte der andere.
„Bloß bis Amerika? Viel weiter, viel mehr! Wir können sogar bis zum …"
Wie weit kann dieser gewitzte Hirte sehen?

Religiöse Bedeutung?

In einer süddeutschen Kleinstadt ist das Dach der evangelischen Kirche mit roten Ziegeln gedeckt, das Dach der katholischen Kirche mit schwarzen Ziegeln. Welchen Grund hat das?

Susis Geburtstag

Susi sagt zu ihren Partygästen, die ihr Alter wissen möchten: „Vorgestern war ich 13, und im nächsten Jahr werde ich 16."
An welchem Tag hat Susi Geburtstag, und an welchem Tag fand die Party statt?

Ausflug der Angler

Zwei Väter und zwei Söhne fingen drei Fische. Jeder von ihnen trug in seinem Rucksack einen Fisch nach Hause.
Wie kann das sein?

Rätselgeschichten für Hobby-Detektive

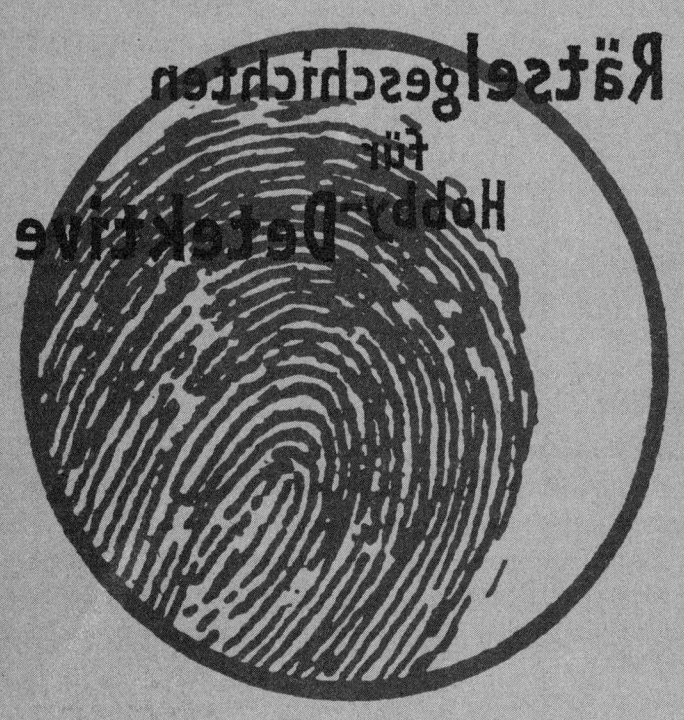

Rätselgeschichten für Hobby-Detektive

Das Geständnis

Einmal wollte ein Kaufmann sich aufmachen zu einer Geschäftsreise. Nachdem sein Boot beladen war, wartete er an Bord auf seinen Diener. Der Schiffer sah den Herrn allein, und so dachte er, es wäre leicht, ihn zu töten und seine Waren zu stehlen. Geschwind griff der Schiffer an, ertränkte den Kaufmann und brachte dessen Waren in sein eigenes Haus. Um zu beweisen, daß er es nicht war, lief er zu des Kaufmanns Haus und fragte, warum der Herr nicht zum Boot gekommen sei.

Die Kaufmannsfrau ließ überall nach ihrem Mann suchen, aber es war keine Spur von ihm zu finden. Inzwischen war der Richter da. Er fragte die Frau des Kaufmanns, was geschehen sei und mit welchen Worten der Schiffer nach ihrem Mann gefragt habe.

„Mein Mann war schon eine Weile weg", sagte die Frau, „da kam der Schiffer an unser Tor und rief: ‚Herrin, warum ist der Herr denn noch nicht beim Boot?'" Dann fragte der Richter den Schiffer, und der wiederholte genau das, was er am Tor des Kaufmannshauses gerufen hatte.

„Richtig", sagte der Richter zu dem Schiffer. „Der Kaufmann wurde getötet, und du bist sein Mörder. Du hast gerade gestanden!"

„Wieso gestanden?" fragte der Schiffer.
Weißt du es?

Verbrechen und Verwirrung

Eins von vier Mädchen hat eine Keksdose geplündert.
Sie machen folgende Aussagen:
Alice: „Betsy hat es getan."
Betsy: „Martha hat es getan."
Barbara: „Ich habe es nicht getan."
Martha: „Betsy log, als sie sagte, ich hätte es getan."
Wenn nur eine der Aussagen wahr ist, welches Mädchen hat dann die Kekse genommen?

Ein Ring wird gefunden

Der Bademeister des Freibades hat bei seinem Rundgang am Handwaschbecken einen Herrenring sichergestellt, der dort offensichtlich vergessen worden war. Er läßt den Fund über den Lautsprecher ausrufen, und schon meldet sich der forsche Edi.
„Der Ring gehört mir. Ich trage ihn immer am Finger und lege ihn nur kurz beim Händewaschen ab."
Der Bademeister fragt Edi gar nicht nach der Farbe des Steines, sondern stellt schon durch einen kurzen Blick fest, daß Edi gelogen hat, und läßt ihn durch die zufällig anwesende Polizei festnehmen.
Wie konnte der Bademeister so schnell feststellen, daß Edi ein Betrüger war?

Mord beim Skilaufen

Ein Chicagoer Rechtsanwalt und seine Frau fuhren im Urlaub in die Schweiz. Als sie in den Alpen Ski fuhren, stürzte die Frau in einen Abgrund und kam ums Leben. Der Rechtsanwalt kehrte alleine nach Chicago zurück, wo die Zeitungen über den Unfall berichteten. Auch ein Angestellter der Fluggesellschaft las den Artikel und rief sofort die Polizei an. Der Rechtsanwalt wurde verhaftet und wegen Mordes vor Gericht gestellt.
Warum rief der Angestellte die Polizei an?

Der Geldfälscher betrügt den Optiker

Bei Optikermeister Brillenschlau kauft ein Fremder eine große Briefmarkenlupe. Lange hat er ausgewählt und sich schließlich für die Lupe zu 28,75 Mark entschieden.
Er bezahlt mit einem Fünfzigmarkschein. Doch der Optiker kann nicht herausgeben. Deshalb läßt er im Schuhgeschäft nebenan den Schein wechseln und gibt dem Fremden dann 21,25 Mark heraus. Rasch verläßt dieser jetzt den Laden. Am Abend merkt die Kassiererin des Schuhgeschäftes, daß sie vom Optikermeister einen falschen Schein erhalten hat, denn es ist der einzige, den sie heute in der Kasse hat. Schnell läuft sie damit zu Meister Brillenschlau und verlangt echtes Geld für den falschen Schein. Dem Optiker bleibt nichts anderes übrig, als den falschen Fünfziger durch einen echten zu ersetzen.

Entsetzt rechnet er den Verlust aus: 28,75 Mark für die Lupe, 21,25 Mark Wechselgeld und jetzt noch mal 50 Mark! Das sind ja 100 Mark Verlust an einem Tag! Der Optiker erreicht pro Tag etwa 25 Mark Gewinn. Wie viele Tage muß er arbeiten, bis der Verlust wieder ausgeglichen ist?

Seltsame Vorgänge beim Springbrunnen

In einem Hotel in Las Vegas stürzte eine Dame aus dem Büro des Direktors, um in der Empfangshalle mehrere Schluck Wasser zu trinken. Einige Minuten später kam sie erneut heraus und trank wieder, doch diesmal folgte ihr ein Mann.

Hinter dem Springbrunnen befand sich ein Spiegel. Als die Dame den Kopf hob, sah sie, daß der Mann hinter ihr ein Messer in seiner erhobenen Faust hielt. Sie schrie auf. Der Mann nahm das Messer herunter, und dann begannen die beiden zu lachen.

Was, um alles in der Welt, ging da vor sich?

Wer war der Täter?

Kommissar Kohlmacher steht vor einer schwierigen Aufgabe: Er sucht den Autofahrer, der ein wichtiges Verkehrsschild umgefahren und anschließend Fahrerflucht begangen hat. Ein Zeuge hat ausgesagt, daß es sich um einen grauen Personenwagen gehandelt habe. Drei verdächtige Autofahrer hat der Kommissar nach langen Ermittlungen festgestellt, aber von jedem weiß er nur wenig – im ganzen hat er nur sechs Angaben, aus denen er den einzig möglichen Täter herausfinden soll. Helft Kommissar Kohlmacher, aus den sechs nachfolgenden Angaben den Täter zu ermitteln:

1. Herr Blodau hat einen VW.
2. Der Citroën kommt aus Wittlage.

3. Fräulein Martling ist Kunststudentin.
4. Der Opel Rekord ist weiß.
5. Herr Lautenbach und der Citroën-Fahrer kennen sich.
6. Der rote Wagen hat die Nummer B-UC 547.

Der gefährliche Traum

Beim Kaffeeklatsch erzählt Frau Schulz: "Nein, was so alles passieren kann: Da ist doch die Frau Kurz an den Folgen eines Fernsehfilms gestorben! Sie hat einen aufregenden Krimi gesehen und hat nachts alles noch einmal im Traum erlebt: Der Mörder verfolgt sie, sie rennt und rennt, aber er holt sie ein und setzt ihr das Messer an die Kehle – und in genau diesem Augenblick rüttelt sie ihr Mann wach. Vor Schreck hat sie einen Herzschlag bekommen."

Warum kann die Geschichte von Frau Schulz nicht stimmen?

Die schöne Tänzerin

Professor Fordney schnippte den Staub von der Bandage, die um Mrs. Stocktons zierlichen Knöchel gebunden war. In früheren Jahren hatte die Stockton unter dem Namen Maria Marita eine internationale Tanzkarriere erlebt; nun lag sie in ihrem luxuriösen Salon auf dem Kanapee und stöhnte leise. Der Professor blickte auf die zierlichen rosafarbenen Hausschuhe neben der Couch und begann, den Verband zu lösen.

„Oh! Bitte nicht", hauchte die Frau, „es tut so weh." Sie sprach mit einem leichten Akzent, den der Professor sehr charmant fand.

„Wie Sie es wünschen. Sie sagten, daß Dr. Barton im Haus war, als Sie sich den Knöchel verstauchten, und daß er Sie verbunden hat?"

„Ja, so war es, Professor."

„Hat er Sie hierher auf das Kanapee getragen?" forschte er weiter.

„Aber natürlich, mein Fuß tat ja so weh. Er sagte mir, ich sollte hier liegenbleiben, bis er zurückkehrt. Er ist derzeit unser Gast, wissen Sie. Aber dann bekam er einen dringenden Anruf und mußte das Haus verlassen. In einer Stunde müßte er wieder zurück sein."

„Und natürlich haben Sie seine Anweisung befolgt?"

„Selbstverständlich."

„Sie ist wirklich eine Schönheit", dachte der Professor. „Was hat es mit dem Speicher auf sich?" fragte er plötzlich übergangslos. Zuvor hatte er nämlich das ganze Haus auf der Suche nach jenem sagenhaft wertvollen Diamantanhänger durchstöbert, dessen Verschwinden Mrs. Stockton nach eigenen Angaben kurz vor ihrem kleinen Unfall bemerkt hatte.

„Was meinen Sie damit?" Maria hob fragend ihre wunderschönen Augenbrauen.

„Nichts Besonderes", erwiderte Fordney. „Aber es scheint so, als ob er durchaus nicht so sauber ist wie der Rest des Hauses."

„Das Haus hält unsere Putzfrau in Ordnung. Und was den Speicher angeht, so müssen Sie meinen Mann fragen. Er hat verboten, daß ihn irgend jemand betritt. Wie sind *Sie* überhaupt hineingekommen?"

„Ich habe die Tür aufgebrochen. – Es tut mir leid, aber ich muß annehmen, daß Sie in den Diebstahl ihres Schmuckstücks selbst verwickelt sind. Sie haben mich angelogen."

Was veranlaßte Fordney zu dieser Behauptung?

Sherlock Holmes' Schülerin

Eine junge Engländerin wohnte in einem feudalen Hotel eines Schweizer Kurortes. Eines Abends klopfte jemand an ihre Tür, und noch ehe sie „Herein!" rufen konnte, betrat ein fremder Herr den Raum. Als er die junge Dame erblickte, schrak er zurück und sagte: „Oh, entschuldigen Sie bitte, meine Gnädigste, ich habe mich in der Tür geirrt. Mein Zimmer ist nebenan."

Nach einer tadellosen Verbeugung entfernte er sich. Die junge Dame überlegte einen Augenblick, ging dann zum Telefon und bat den Hoteldetektiv zu sich. Nachdem sie ihm den Vorgang erzählt hatte, war er mit ihr gleicher Meinung. Er ging in die Hotelhalle und nahm den Mann, der sich angeblich in der Tür geirrt hatte, kurzerhand fest. Wie sich später herausstellte, hatte er einen guten Fang gemacht. Es handelte sich um einen berüchtigten und schon lange gesuchten Hoteldieb.

Welcher „Kunstfehler" war dem Gangster unterlaufen?

Der überlistete Karo

Herr Schäufele machte mit seinem Hund Karo eine Wanderung. Unterwegs wollte er eine kleine Kletterpartie unternehmen, und dazu war ihm der große Rucksack doch ein wenig lästig. Also legte er ihn etwa 1½ Meter vor einem Baum nieder. Den Hund aber band er so an den Baum, daß er drei Meter freie Leine hatte. Und da Herr Schäufele seinen Karo kannte, verknüpfte er die Leine recht fest, so daß sie stramm um den Baumstamm lag.

„So", meinte er dann, „nun bleibst du schön hier und bewachst Herrchens Rucksack, bis ich wieder zurückkomme!"
Und Karo versprach das schwanzwedelnd.
Herrchens Vorsicht war wohlbegründet. Denn schon wenig später erschien ein Landstreicher, dem der so prall gefüllte Rucksack ins Auge stach. Weniger angenehm war ihm natürlich die Anwesenheit des großen, starken Hundes, der ihn sogleich zähnefletschend anfuhr. Mit dem wollte er sich keineswegs einlassen.
Wie gelang es dem Landstreicher, trotzdem den Diebstahl auszuführen?

Lügengeschichte

In einer Dorfwirtschaft kam es zu einer handfesten Schlägerei. Einer der Beteiligten schilderte dem aufnehmenden Polizeibeamten den Hergang:
„Ja, wir saßen gleich links, wenn man hereinkommt, an dem kleinen, dreibeinigen Tisch. Auf einmal entstand ein Wortwechsel, und während ich mich niederbückte, um dem wackelnden Tisch einen Bierfilz zu unterlegen, bekam ich mit einer Flasche einen Schlag über den Kopf ..."
„Stopp", sagte da der Hüter der Ordnung, „kommen Sie mit zur Wache, Sie lügen!"
Woran hatte der Beamte erkannt, daß er angelogen wurde?

Der Radfahrer

Der Mond steht am Himmel. An einer Straßenkreuzung mit wenig Verkehr steht ein Polizist. Ein Radfahrer fährt auf ihn zu. Er fährt ohne Licht, aber das scheint ihn nicht zu stören. Er fragt den Polizisten nach einer Straße, erhält Auskunft und fährt weiter. Der Polizist schaut ihm nach. Er sieht, daß der Radfahrer kein Licht hat. Er ruft ihn aber nicht zurück und schreibt ihn auch nicht auf.
Wieso nicht?

Die gestohlene Uhr

Flughafen Frankfurt. Eben ist eine Maschine aus New York gelandet. Während die Passagiere die Ausgangshalle verlassen, plötzlich lautes Geschrei: „Meine Uhr, meine Uhr", die hellklingende Stimme eines kleinen Mannes in grauem Anzug. Zufällig ist Kriminalkommissar Peppke in der Nähe.
Der kleine Mann im grauen Anzug gibt eine genaue Personenbeschreibung. Da Kommissar Peppke zwei Köpfe größer ist als der kleine Mann, erkennt er, über die Menge hinblickend, den beschriebenen Uhrenräuber an einem Kiosk stehen. Mit wenigen Schritten ist er dort, und nun stehen sich Räuber und Beraubter Aug in Aug gegenüber. Aber der Räuber sagt: „Was wollen Sie? Eine Uhr?"
„Ja, das ist meine Uhr!" sagt der kleine Mann im grauen Anzug mutig und deutet auf jene, die sein Gegenüber am Handgelenk trägt.
„Lächerlich!" sagt dieser. „Diese Uhr hat mir meine Frau, die ich gerade zum Flughafen gebracht habe, zum Abschied geschenkt."
„Na, dann ist es ja gut!" sagt Kommissar Peppke. Und dann fragt er: „Ach, ich hab es eilig, sagen Sie mir doch mal schnell, wie spät es jetzt ist!"
„Ach", sagt der fremde Mann und wird dabei rot, „ich glaube, die Uhr ist stehengeblieben!"
„Vor sechs Stunden?" fragt Kommissar Peppke.
„Ja, so muß es wohl sein", sagt der Mann.
Für Kommissar Peppke ist damit der Fall geklärt. Warum?

Das gestohlene Auto

Es war an einem Tag, an dem bis zum Mittag die Sonne schien. Nachmittags aber begann es zu regnen. Da hielt in einer kleinen Stadt ein Auto vor dem Rathaus. Ein Mann stieg aus und ging eilig fort. Außer ihm war nur ein Polizist auf der Straße, denn der Regen lockte keine Spaziergänger mehr ins Freie.

Der Polizist aber suchte nach einem Auto, das ihm als gestohlen gemeldet worden war. Als sich der Hüter des Gesetzes nun das abgestellte Auto vor dem Rathaus näher ansah, erkannte er, daß die Beschreibung des gestohlenen Wagens genau mit dem geparkten Auto übereinstimmte. Das Gefährt führte auch die angegebene Autonummer. Also blieb kein Zweifel: Das war der gestohlene Wagen!

Der Polizist rannte dem Mann nach, der das Auto gerade verlassen hatte. Er erwischte ihn auch noch, als dieser gerade in einer Nebenstraße verschwinden wollte. Er nahm den Betrüger fest, obgleich sich dieser mit Händen und Füßen sträubte.

An den Tatort geführt, leugnete der Mann, das Auto hier gerade erst abgestellt zu haben. Dafür, daß sein Anzug nicht regennaß war, wie man dies von einem Fußgänger hätte erwarten können, hatte er eine Erklärung: Es regnete erst seit einer Viertelstunde, und so lange hätte er sich unter den Arkaden des Rathauses aufgehalten. Um sich weißzuwaschen, behauptete der Dieb:

„Als ich heute vormittag hier vorüberging, habe ich den Wagen schon am gleichen Platz stehen sehen." Jetzt wußte der Polizist, daß der Mann log. Ein Blick unter das Auto genügte ihm.
Was hat er dort gesehen?

Autodiebstahl

Eine Frau will an einem Zebrastreifen gerade die Straße überqueren. Als sie das Auto sieht, das vor dem Zebrastreifen hält, weiß sie sofort, daß das Auto gestohlen ist.
Ist die Frau eine Hellseherin?

Aufpaß-Geschichte

„Und das am hellichten Tag zur Mittagszeit!" sagte Kriminalkommissar Peppke. Aus einem verschlossenen Auto, das am Straßenrand vor einer Boutique geparkt war, hatten Unbekannte einen Koffer mit Juwelen gestohlen. Das Ganze mußte sehr schnell gegangen sein. Der Mann, der das Auto abgestellt hatte, war nur in die Stadtbücherei gegangen und hatte dort zwei Bücher zurückgegeben. Das konnte höchstens fünf Minuten gedauert haben. Kommissar Peppke steht vor dem Auto, als Frau Goldfinger, die Besitzerin der Boutique, heraustritt.

„Haben Sie etwas gesehen?" wendet sich Peppke an Frau Goldfinger.

Diese nickt bedeutungsvoll und sagt: „Es waren zwei Männer. Der eine hatte eine große Hakennase und einen Hut wie im Wildwestfilm, der andere hatte sehr breite Schultern."

Kommissar Peppke geht mit Frau Goldfinger in die Boutique. „Wie konnten Sie die beiden denn sehen?" fragt Peppke verwundert, als er entdeckt, daß man vom Verkaufsraum aus das Auto direkt gar nicht sehen kann.

„Ich habe sie auch nicht richtig gesehen, sondern nur ihre langen Schatten", ist die Antwort von Frau Goldfinger.

Da weiß Herr Peppke, daß er mit dieser Aussage leider nichts anfangen kann.

Warum?

Eine Geheimschrift ist der Schlüssel zum Schatz

Beate und Uwe haben beim Entrümpeln auf dem Boden einer eisenbeschlagenen Kiste einen aufregenden Fund gemacht. Ein altes, vergilbtes Pergament, fleckig und zerknittert. Es ist der Plan zu einem vergrabenen Seeräuberschatz, irgendwo auf einer Insel im Stillen Ozean! Die Piraten – vielleicht Kapitän Flint persönlich – haben sich dazu noch etwas Besonderes ausgedacht. Eine Geheimschrift ist der Schlüssel zu dem Schatz! Sie lautet:

UNM FQNRRDQ DHBGD QHBGSTMF
VDRSDM AHR YTL JQDTY!

Wer hilft Beate und Uwe, diese Geheimschrift zu entziffern? Und damit den Piratenschatz zu finden? Es ist nicht so schwer, wie es aussieht.

Eine kleine Hilfe für den Anfang: Es hat etwas mit der Reihenfolge der Buchstaben im Alphabet zu tun! Genauer: Ein G in der Geheimschrift steht für ein H, ein T für ein U und so weiter bis zum ...

Überfall!

„Es war schrecklich ... Das schlimmste Erlebnis, das ich je hatte", klagte Mrs. Clark. „Ich bin mit meinen Nerven völlig am Ende."
Verständnisvoll nickte Professor Fordney mit dem Kopf.
„Natürlich muß das für Sie ein Schock gewesen sein. Kein Wunder, ein Überfall ist immer eine scheußliche Sache, insbesondere für eine Frau. Ich werde die Befragung so kurz wie möglich halten, wenn Sie einverstanden sind."
Mit einem Lächeln nahm er ihr zustimmendes Nicken zur Kenntnis, doch entging ihm dabei nicht, daß die Nägel beider Zeigefinger ihrer ansonsten sorgfältig gepflegten Hände abgebrochen waren. Eilig zog sie ein Taschentuch hervor und versuchte, sie darin zu verstecken.
„Nun, was möchten Sie wissen?" fragte sie.
„Laut Ihren Angaben haben Sie gestern nachmittag etwa gegen 15 Uhr vor dem Geschäft Ihrer Schneiderin auf Ihren Chauffeur gewartet, als ein Mann neben Sie trat, Sie nach der Uhrzeit fragte und dann Ihr gesamtes Bargeld sowie Ihren Schmuck verlangte. Ist das richtig?"
„Ja. Genau so ist es passiert."
„Haben Sie um Hilfe gerufen?"
„Nein, ich war so erschrocken."
„Haben Sie die Wertsachen übergeben, oder hat sie Ihnen der Räuber weggerissen?"
„Nun, ich habe sie ihm gegeben. Ich war ja so ..."

„Ist diese Aufstellung vollständig?" erkundigte sich Fordney und zog ein Blatt Papier aus der Jackentasche: „Zwei Armreife mit Diamanten, ein Smaragdanhänger, ein Diamantdiadem, zwei Smaragdohrringe, 180 Pfund in bar sowie drei Diamantringe."
„Sie stimmt haargenau."
„Trugen sie einen Mantel?"
„Nein, es war recht warm."
„Was ist mit Ihrer Armbanduhr?" fragte der Professor. Er beugte sich vor und machte ein ernstes Gesicht.
„Wieso, ich hatte ... gar keine ..."
„Tut mir leid, Mrs. Clark, daß ich Ihnen nicht glauben kann", unterbrach sie der Professor. „Aber dieser angebliche Überfall hat niemals stattgefunden."
Wie konnte er das wissen?

Fordneys alter Trick

Sergeant Woodin hatte erfahren, daß sich zwei Männer, die man mehrerer bedeutender Einbrüche verdächtigte, in dieser Nacht auf einer Bank im Carson Park treffen wollten, um eine neue Aktion zu verabreden. Der Informant hatte verraten, daß das Treffen für 23 Uhr angesetzt war, aber leider konnte er weder die Namen noch eine Beschreibung der beiden geben. Also wandte sich Woodin hilfesuchend an Professor Fordney.

Gemeinsam entwickelten sie einen Plan. Der Ort des Treffens sollte von so vielen Polizisten umzingelt werden, wie man in der Umgebung verstecken konnte. Es war klar: Zog man das Netz zu eng, konnten die beiden Vögel Verdacht schöpfen. Deshalb postierte Woodin die Männer in einiger Entfernung und gab Anweisung, niemanden aufzuhalten, der in die Falle hineinging.

Gegen 22 Uhr bezog der Sergeant Stellung, und kurz darauf kam auch der Professor von einer näheren Besichtigung des Schauplatzes zurückgeschlichen. Dem Sergeant fiel auf, daß er einen ausgebeulten Rucksack trug.

Es schlug elf. „Was für eine finstere Nacht", flüsterte Woodin. „Sind Sie noch da, Professor?"

Plötzlich vernahmen sie verstohlene Schritte und das leise Murmeln zweier Männerstimmen. Offenbar saßen die beiden jetzt auf der Bank und besprachen ihre dunklen Geschäfte.

In diesem Augenblick entfuhr dem Sergeant ein unkontrolliertes Niesen – das Spiel war aufgeflogen! Die beiden Verdächtigen flohen in die Nacht und konnten unerkannt durch die Postenkette entkommen.

Als Fordney und Woodin zehn Minuten später langsam die Main Street entlangfuhren, entdeckten sie vor der „Lola Bar" zwei Individuen und wußten sofort, daß diese ihre gesuchten Männer waren.

Am nächsten Morgen mußte Captain O'Brien herzlich lachen, als sie ihm erzählten, mit welch altem Trick Fordney die beiden identifizieren konnte.

Woher wußte der Professor, daß die beiden Männer vor der Bar die Verdächtigen waren?

Der Reporter mit den Glacéhandschuhen

Jerry Sullivan war unbestritten die Nummer eins unter den Kriminalreportern der Stadt. Wegen seiner Vorliebe für Glacéhandschuhe wurde er in der Zeitungsszene allgemein „der Baron" genannt. Gerade durchstreifte – oder sollte man sagen: durchschnüffelte – er das ausgedehnte Parkgelände hinter dem Grundstück des Multimillionärs Walter Hammer. Am Vorabend war Wilson, der zwölfjährige Sohn des Börsenspekulanten, entführt worden.

Was blitzte da am Boden? Sullivan ließ sich auf die Knie nieder. Die Morgensonne hatte sich in den blinkenden Gläsern einer Brille gespiegelt, die halb verborgen im Gras lag. Es war eine Männerbrille. Der „Baron" beschloß, diesen Fund zunächst vor der Polizei zu verheimlichen. Vielleicht konnte er ihn einmal gegen eine interessante Information eintauschen.

Nach einem kurzen Anruf fuhr er zu seinem alten Freund Fordney, um mit ihm die Sache zu besprechen. Ihm erzählte er auch von seinen vertraulichen Informationen, nach denen Robert Pilter, ein leidenschaftlicher Vogelfotograf und Freund der Familie Hammer, in der letzten Nachte erst sehr spät nach Hause zurückgekommen sei. Pilters ständige Geldsorgen waren bekannt, und seine späte Heimkehr konnte, mußte aber nicht, etwas zu bedeuten haben.

Unter einem Vorwand lud der Professor den Hobbyfotografen zum Abendessen ein. Als er ihm nach dem Dinner ein Buch mit seltenen Vogelaufnahmen zeigte, bemerkte er, daß sich Pilter reichlich dicht über die Fotografien beugte. Übergangslos zog Fordney die Brille aus der Tasche.
„Ist das Ihre Brille?" fragte er liebenswürdig.
„O ja, ich habe sie vor einer Woche draußen beim Fotografieren verloren. Woher haben Sie sie?"
„Das tut jetzt nichts zur Sache." Fordneys Stimme klang plötzlich gar nicht mehr liebenswürdig. „Ich weiß, daß Sie in die Entführung verwickelt sind, und ich rate Ihnen, so schnell wie möglich das Versteck des Kindes zu verraten!"
Wieso war sich Fordney seiner Sache so sicher?

Der verschreckte Butler

Constable Erman und Professor Fordney saßen in der Bibliothek des geräumigen Landhauses der Ragsdales. Gerade betrat Burton, der Butler, den Raum.

„Nun, Burton, erzählen Sie uns, was Sie von dem Einbruch gestern abend wissen", forderte ihn der Polizeibeamte auf.

„Nun, Sir", begann der Butler, „die Familie war ausgegangen, und das übrige Personal hatte sich bereits zu Bett begeben. Wie es meine Gewohnheit ist, begann ich um Viertel vor zwölf meine Runde, um sämtliche Fenster im ersten Stock zu schließen. Ich hatte gerade diesen Raum hier betreten, als ich ein dumpfes Poltern hörte. In meinem Alter ist man nicht mehr der Mutigste, deshalb versteckte ich mich in der großen Standuhr dort hinter Ihnen."

Erman und der Professor drehten sich um und begutachteten das schöne Erbstück. „Fahren Sie fort", sagte der Beamte.

„Nun, kurz darauf kam eine maskierte Person, ich würde sagen ein Mann, in die Bibliothek geschlichen und machte sich am Safe zu schaffen. Der Einbrecher hatte vermutlich noch weitere Räume durchsucht, doch als die Uhr um Mitternacht zu schlagen begann, hat er sich wohl etwas erschrocken, denn er suchte unverzüglich das Weite. Entschlossen, wenn auch mit größter Vorsicht, verließ ich mein Versteck und alarmierte die Polizei. Alles Weitere wissen Sie."

„Haben Sie in der Zwischenzeit irgend etwas verändert?" wollte Erman wissen.
„Nein, Sir. Der Safe stand offen, so wie Sie ihn jetzt noch sehen."
„Sagen Sie, Burton", schaltete sich Fordney ein, „wie lange sind Sie schon bei den Ragsdales?"
„Knapp zwei Jahre, Sir."
„Ich glaube nicht, daß es noch wesentlich mehr werden", knurrte der Professor. „Ihre Geschichte ist reichlich unglaubwürdig!"
Was wollte der Professor damit sagen?

Neues aus dem Hauptseminar

„Als ich das letzte Mal in London war", erzählte Professor Fordney und blickte in die Runde, „nahm ich an einem offiziellen Bankett der Führung von Scotland Yard teil."
Die jungen Studenten der Kriminologie blickten gespannt, denn Fordneys Englandgeschichten waren stets besonders geheimnisvoll.
„Nach dem Dinner gab es einen Vortrag von Detective-Inspector Wish. Er berichtete von einem Fall eines zwölfjährigen Mädchens namens Diana. Sie war die Tochter von einem Lord Ormingsbee, der ein Vermögen für die Heilung des von Geburt an blinden Mädchens ausgegeben hatte. Nichts hatte geholfen. Eines Tages erfuhr er von den chirurgischen Wundertaten eines gewissen Doktor Zurfli in Wien, und voller Hoffnung fuhr er mit der Kleinen zu ihm. Nach eingehender Untersuchung erklärte der Spezialist, er wolle die äußerst schwierige Operation wagen. Am nächsten Tag war es soweit, und danach mußte das Mädchen zwei Wochen lang in einem abgedunkelten Raum mit verbundenen Augen leben, während ihr Vater zwischen Hoffnung und Verzweiflung schwankte.
Endlich kam der große Augenblick! War die Operation erfolgreich gewesen? Als man der Kleinen den Verband abnahm, hielt Ormingsbee den Atem an. Der Doktor wartete einige Minuten, dann zeigte er dem Kind eine kleine Tafel und fragte sanft: „Was für eine Farbe ist das, mein Kind?"

„Rot", sagte sie mit klarer Stimme. Ergriffen drückte sie der Vater an seine Brust. Die europäischen Zeitungen haben ausführlich über die ganze Sache berichtet, und zwei Wochen später ..."
War Diana wirklich geheilt?

Lösungen

Rätselgeschichten aus dem Alltag

9 Herr Struwwelkopf beim Friseur
Der Friseur in dem sauberen Laden hatte den besseren Haarschnitt. Da es in der Stadt nur die zwei Friseure gab, mußte er sich die Haare von dem anderen schneiden lassen. Herr Struwwelkopf beschloß, zu dem Friseur zu gehen, der die Haare am besten schnitt.

10 Die schlauen Friseure
Sie verdienen dann zehnmal soviel Geld.

10 Der Student
Der Student kann 13 Zigaretten rauchen (9 + 3 + 1 = 13).

11 Wieviel Uhr ist es?
Er wartete einige Minuten. Der Zeiger, der in dieser Zeitspanne merklich vorrückte, zeigte die Minuten an.

12 Eine schwierige Kundin im Stoffgeschäft
Verkäuferin Hildegard hatte ja nur fünf Schnitte zu machen. Mit dem fünften Schnitt erhielt sie zwei Bahnen auf einmal.

13 Die betrogene Kaufmannsfrau
Nicht verwirren lassen! Der Verlust betrug genau 50 Mark. Die Frage ist nur: Was hat die Gaunerin mitgenommen? Erstens die Waren im Wert von 24,10 Mark, zweitens 25,90 Mark in bar.

14 | **Der eifrige Eierhändler**
Sieben. Dem ersten Kunden verkaufte er vier Eier, dem zweiten zwei und dem dritten eins. Das Problem ist sehr einfach zu lösen, wenn du beim letzten Kunden anfängst und rückwärts rechnest.

14 | **Die letzten Kunden beim Milchmann**
Der Kaufmann gab dem ersten und dem zweiten Kunden je zwei volle Flaschen Milch, eine halbvolle Flasche und zwei leere, so daß jeder 2 1/2 Liter Milch und fünf Flaschen hatte. Dem dritten Kunden gab er eine volle Flasche, drei halbvolle Flaschen und eine leere, jetzt hatte dieser auch 2 1/2 Liter Milch und fünf Flaschen.

15 | **Mira im Aufzug**
Mira ist noch ein kleines Mädchen und reicht nur bis zum Knopf der sechsten Etage.

15 | **Frau Ringelfingers Ring**
Der Ring fiel ins Kaffeepulver.

16 | **Der hungrige Bücherwurm**
Der Wurm legte zweimal 5 mm zurück. Er mußte nur durch die beiden Einbanddeckel, denn Band 2 stand ja rechts neben Band 1.

16 | **Allwissend?**
Der allwissende Mann ist Schriftsteller und hat das Buch selbst geschrieben.

17 | **Der gestörte Sonntagsspaziergang**
Herr Dünnlich legte das eine Brett so auf den Boden, daß es etwa 1,50 m übers Ufer ragte, und stellte sich dann auf

das andere Ende des Brettes. Nun konnte Herr Mager auf diesem „Hebel" hinausmarschieren und das zweite Brett von dort aus bis ans andere Ufer legen. Auf dieser Notbrücke gelangte nun Herr Mager ans jenseitige Ufer, legte sein Brett als Hebel unter das von Herrn Dünnlich, also genau umgekehrt wie vorher, und Herr Dünnlich konnte nachkommen.

18 Pfadfinder
Dir fällt der Name der Stadt ein, die ihr eben verlassen habt. Wenn man den Wegweiser wieder ins Loch stellt und der Name der Stadt, die ihr verlassen habt, in die Richtung zeigt, aus der ihr kommt, dann weisen alle anderen Schilder in die richtige Richtung.

18 Schiffsfracht
Zwei Zentner.

19 Die Überfahrt
Die beiden Jungen setzen über. Einer von ihnen rudert zurück und läßt den ersten der drei Männer allein über den Fluß rudern. Der zweite Junge rudert den Kahn zurück. Nun setzen die beiden Jungen wieder über. Einer von ihnen bringt den Kahn zurück. Anschließend kann der zweite Mann übersetzen. Wieder bringt der andere Junge den Kahn zurück. Beide Jungen setzen über. Einer von ihnen rudert wieder ans andere Ufer. Jetzt kann der dritte Mann übersetzen. Er liefert das Boot bei dem am anderen Ufer wartenden Jungen ab, der nun zu seinem Gefährten zurückrudern kann.

19 Der neue Sportwagen
Nein, er ist mehrmals gefahren.

20 Der festgeklemmte Lastwagen
Du sagst dem Fahrer, er soll etwas Luft aus den Rädern lassen. Dadurch wird der Laster um so viel niedriger, daß er unter der Überführung durchkommt. Anschließend kann der Fahrer an der Werkstatt halten und die Luft wieder auffüllen.

20 Schneller Rückzug
Peter ging am Tag ins Bett.

21 Die Sitzung
Der Redner steht logischerweise im Mittelpunkt des Interesses und wird deshalb von allen gesehen, während er selbst seine Bekannten bei seiner Ansprache nur schlecht aus der großen Zuhörerschaft herausfindet.
Als Redner kann also nur der in Frage kommen, der von jedem der drei übrigen Herren gesehen worden war, und das war Herr Bechtold.

21 Ebbe und Flut
30 Sprossen, denn das Schiff steigt mit der Flut.

22 Parkplatzsuche
Drei Autos.

22 Der hinterlistige Kellner
Der Mann hatte Zucker in den Kaffee getan, bevor er die Fliege darin entdeckte. Als er den gesüßten Kaffee kostete, war ihm klar, daß der Kellner dieselbe Tasse zurückgebracht hatte.

23 Maß für Maß
Beide Getränke enthielten gleich viel fremde Flüssigkeit.

Nimm an, du schüttest zehn Kubikzentimeter Bier in die Limonade; danach willst du zehn Kubikzentimeter Limo ins Bier zurückgeben. Doch die Limonade ist nicht mehr ungetrübt: sie enthält etwas Bier, sagen wir etwa einen Kubikzentimeter. Also sind nur noch neun Kubikzentimeter Bier in der Limonade, und ebenfalls nur neun Kubikzentimeter Limo (+ einen Kubikzentimeter Bier) gießt du ins Bier zurück.

24 Klempner von Beruf
Es kommt Wasser heraus.

24 Der Empfang
Moni mußte 64 Gäste bewirten. Um sieben Uhr war noch ein Gast da, um sechs Uhr waren es zwei, um fünf waren es vier ...

25 Der Traum
Ein Nachtwächter sollte im Dienst nicht schlafen.

26 Die Tochter des Wirts
Die Tochter ist 30 Jahre alt. Vor fünf Jahren war sie 25 und der Hund fünf Jahre alt. Jetzt ist der Hund zehn Jahre.

26 Freunde
Da die Katze auf drei gesunden Beinen ins Lager gelaufen war, müssen drei Freunde dem vierten dessen Anteil bezahlen.

27 Spieglein, Spieglein ...
Man sieht überhaupt nichts, denn in diesem Zimmer ist es dunkel!

Rätselgeschichten aus Familie, Schule und Sport

31 Konzertabend
Die Tochter des Arztes ist die Ehefrau des Lehrers.

31 Der kränkelnde Neffe
Mary Ann war die Mutter des kranken Jungen.

32 Eine juristische Frage
Ein toter Mann kann nicht heiraten.

32 Komische Verhältnisse
Frau Giller und Frau Krug sind Kusinen, denn ein Onkel von Frau Giller ist der Vater von Frau Krug. Auch Frau Ostmann und Frau Giller sind Kusinen, denn Frau Ostmanns Schwester, also sie selbst, ist eine Nichte von Frau Gillers Vater.

33 Die zerbrochene Fensterscheibe
Der größte Teil der Glassplitter lag nicht im Zimmer, sondern außen auf der Fensterbank. Der Schlag gegen die Scheibe muß also von innen gekommen sein.

34 Zwillingsschwestern?
Sabine, Gabriele und eine dritte Schwester sind Drillinge.

34 Eine Großfamilie?
Nein. Zwei Eheleute haben einen Sohn und eine verheiratete Tochter mit drei Jungen und zwei Mädchen.

35 Fünf Söhne
1. Toni, 2. Sepp, 3. Ignaz, 4. Hannes, 5. Bubi.

35 Auf der Geburtstagsfeier
Da Paul keine Geschwister hat, kann es nur er selbst sein.

36 Verzwickte Verwandtschaft
Die beiden sind Vater und Tochter.

36 Das Geburtstagsgeschenk
Der Mann möchte wissen, was seine Schwester der Tante zum Geburtstag schenkt.

37 Drei Bräute
Die Ehenamen der drei Bräute sind Kitty Brown, Nelly Jones und Minny Robinson. Kitty wog 122, Nelly 132 und Minny 142 Pfund.

38 Vater und Sohn
Herr Huber ist 69 Jahre und zwölf Wochen alt, sein Sohn 30 Jahre und 40 Wochen.

38 Eine Frage des Alters
Hanna ist fünf Jahre alt, Johannes zehn Jahre.

39 Wie alt ist die Tante?
Die Tante war genau 66 Jahre alt, denn in dem Text sind die Zahlen von eins bis elf versteckt.

40 Wie alt ist der Vater?
Die fünf Geschwister von Christoph zählen zusammen 60 Jahre. Christophs Alter ist der fünfte Teil davon, also zwölf Jahre. Sein Vater ist viermal so alt wie er, also 48 Jahre.

40 Drei Schwestern
Susi ist älter als Karin und Meike.

41 Schwestern
Inge bekommt 20,50 Mark und Ilse 19,50 Mark fünfzig.

41 Vater und Sohn
Ganz einfach: in 15 Jahren, denn dann ist der Sohn 30 Jahre alt und der Vater inzwischen 60.

41 Wie alt?
Die Mutter ist dreißigeinhalb Jahre alt, die Tochter ein halbes Jahr. Die Mutter ist daher 30 Jahre älter als ihre Tochter.

42 Drei Generationen
Der Großvater ist 70, der Vater 39 und der Enkel ist 15 Jahre alt.

42 Noch ein Familienrätsel
Die Eltern haben zwei Jungen und drei Mädchen.

43 Wie viele Kinder?
Es sind sechs Kinder.

43 Mädchen und Jungen
Die Eltern haben sieben Mädchen und zwei Jungen.

44 Die große Familie
Es sind im ganzen sieben Personen: ein altes Ehepaar (Großvater und Großmutter), deren Sohn und seine Frau und die drei Kinder.

45 Amerikanisch geteilt
Der Onkel bat den älteren Neffen, die Spielsachen in zwei möglichst gleiche Haufen zu teilen unter der Bedingung, daß der jüngere Neffe nach vollzogener Teilung zwischen den beiden Geschenkbergen wählen konnte.

46 Aus der Schule geplaudert
44 und 45 Schulkinder. 25 Jungen und drei Mädchen, also 28 Kinder.

47 Der Schulgarten
Es waren in dem Säckchen 120 Sonnenblumenkerne. Davon kamen auf das erste Beet 40 Kerne, auf das zweite 24, auf das dritte 20, auf das vierte 30. Sechs Kerne behielt der Herr Oberlehrer als Reserve.

48 Deutschlands Städte
Ruth sagte: „Mitten in Deutschland steht das kleine c."

49 Rechenaufgabe
Weder Gudrun noch Georg haben recht. 646 + 832 = 1478, nicht 1378.

49 Aus zwei mach drei!
Die beiden Schülergruppen bestanden ursprünglich aus je 112 Schülern. Die Lösung ist durch eine einfache Gleichung zu finden.

50 Die leidigen Zeugnisse
Sabine war die fleißigste Schülerin. Nucki war am faulsten. Mark war der fleißigste von den Jungen, gefolgt von Ronni und Peter.

51 Schülerschwindel
Der Lehrer wußte sofort, daß Peter schwindelte, denn die Seiten 83 und 84 liegen stets auf einem Blatt.

51 Ein geheimnisvoller Ball
Du mußt den Ball nur einfach senkrecht nach oben werfen.

52 Tischtennis
Fülle das Loch mit Wasser aus dem Gartenschlauch, und der leichte Tischtennisball treibt auf der Oberfläche.

52 Die Sechstagefahrt
Die drei Radrennfahrer setzen gemeinsam in der dreißigsten Runde aus. Die Aufgabe ist einfach zu lösen, denn das kleinste gemeinsame Vielfache von drei, fünf und sechs ist 30.

53 Schnelle Läufer
Peter läuft schneller als Paul.

Rätselgeschichten für Tierfreunde, Hobbygärtner und Landwirte

57 Schneckentempo
Nach der fünften Nacht stand die Schnecke bei 15 Metern. Am sechsten Tag kroch sie über den Brunnenrand.

57 Rennen
90 Minuten sind eineinhalb Stunden.

58 Die Rettung des Rotkehlchens
Susanne schlug vor, in das Loch Sand rieseln zu lassen, nicht alles auf einmal, sondern immer nur ein bißchen und ganz langsam. Das kleine Rotkehlchen bewegte seine Füße nun so, daß es immer oben auf dem Sand stand, bis der Sand schließlich so hoch war, daß man den kleinen Vogel mit der Hand herausholen konnte.

58 Mäusejagd
Es sind nur zwei Füße, denn die Mäuse haben Pfoten.

59 Das Aquarium
In dem Becken befinden sich sieben Schildkröten mit je vier Beinen und 49 Fische – natürlich ohne Beine.

60 Fußmarsch
Nur die beiden Beine von Berti waren auf dem Weg nach Au, alle anderen kamen ihm entgegen.

60 **Haustiere**
Markus hat das Meerschweinchen, der Hamster gehört Tom, und die Maus gehört Udo.

61 **Die Krähe hat Durst**
Die Krähe hat so lange Steine in den Krug fallen lassen, bis das Wasser so hoch gestiegen war, daß sie trinken konnte.

61 **Zwei Schäfer und ihre Schafe**
Der eine hat fünf Schafe, der andere sieben.

62 **Das fehlende Schaf**
Es bleiben neun Schafe übrig.

62 **Im Schweinestall**
Der Bauer hat 301 Schweine in seinem Stall.

63 **Kälber und Schweine**
Der Bauer hatte ursprünglich zwölf Kälber und zwölf Schweine.

63 **Flußüberquerung**
Der Fährmann brachte die Ziege hinüber, fuhr alleine zurück. Dann lieferte er den Wolf am anderen Ufer ab und nahm die Ziege wieder mit. Die Ziege ließ er da und brachte den Kohl hinüber. Schließlich fuhr er noch einmal und holte die Ziege nach.

64 **Der purpurfarbene Papagei**
Der Papagei ist taub.

64 **Die billige Gans**
Herr Schneider ließ sich vom Motorradfahrer die 15 Mark geben, zahlte aus eigener Tasche noch 5 Mark dazu und gab diese 20 Mark dem Bauer. Dann nahm er die Gans, die ja keiner von den Streithähnen haben wollte und ging seines Weges.

65 **Im Gänsemarsch**
Es waren drei Gänse.

65 **Ein hartgekochtes Problem**
Ebenfalls zehn Minuten. Du kannst ja alle Gänseeier in denselben Topf legen.

65 **Zwei Truthähne**
Der große Truthahn wog 16, der kleine vier Pfund.

66 **Hackordnung**
Das braune Huhn hackt das schwarze, das schwarze das graue, das graue das geperlte, das weiße das andere schwarze.

67 **Handel mit Hühnern**
Bei diesem Rätsel, bei dem es um den Handel mit Hühnern geht, ist jedem Bauern klar, daß eine Kuh genausoviel wert ist wie 25 Hühner und ein Pferd genausoviel wie 60 Hühner. Sie müssen sich bereits fünf Pferde und sieben Kühe, die zusammen 475 Hühner wert sind, ausgesucht haben, und da sie gerade noch genug, nämlich 175 Hühner hatten, um sieben weitere Kühe zu erstehen, hatten sie insgesamt 650 Hühner.

68 **Ein fleißiges Huhn**
Die gleiche Zeit.

68 **Rühreier**
Eine Henne legt an anderthalb Tagen ein Ei. Also legen drei Hennen an anderthalb Tagen drei Eier oder zwei Eier pro Tag. Folglich legen drei Hennen an acht Tagen 16 Eier.

68 **Fliegende Hühner**
Nein. Wenn 300 Hühner ungleichmäßig im Laderaum herumfliegen, ändert sich das Gewicht des Lastwagens nicht.

69 **Bärenhunger**
Der Forscher befindet sich am Nordpol. Der Bär kann also nur weiß sein.

69 **Weizenernte**
Der Bauer hatte 120 Scheffel Weizen geerntet.

70 **Kluge Bauern können rechnen**
Diese Aufgabe sieht zunächst sehr schwierig aus, aber man kann sie auch ohne Gleichung lösen.
Bekannt ist die Anzahl der Köpfe: 70. Wenn alle Tiere nun Lämmchen wären, müßten im Gehege 70mal vier Beine sein, das sind 280. Es sind aber nur 188 Beine da. Es ergibt sich also ein Minus von 92. Diese 92 werden durch die Anzahl der Beine geteilt, welche die andere Tierart – also die Hühner – hat, nämlich zwei, und es ergibt sich die Anzahl der vorhandenen Hühner: 46. Werden jetzt diese von der Tierzahl abgezogen, erhält man die Zahl der Lämmchen: 24.

Rasch noch die Probe: 24 (Lämmchen) mal vier Beine = 96 Beine. 46 (Hühner) mal zwei Beine = 92 Beine. Das ergibt wieder 70 Köpfe und 188 Beine.

71 Die verzwickte Erbschaft
Der Bauer hatte jedem seiner sechs Söhne sechs Kaninchen vererbt.

72 Nebenverdienst im Bohnengarten
Zuerst rechnete die Bäuerin den Zuwachs aus. Auf das erste Beet kamen 0 Bohnen mehr, auf das zweite 2, auf das dritte 4, dann 6, 8, 10, 12, 14, 16, 18, 20 und auf das zwölfte Beet 22 mehr, das sind im ganzen 132 Bohnen. Jetzt zog sie von den 1008 Bohnen die 132 ab und hatte als Grundstock für alle 12 Beete 876 Bohnen. 876 durch 12 geteilt ergibt 73 Bohnen für das erste Beet.

72 Melonenverkäufer
Bauer Sepp hatte zunächst drei Melonen. Davon hat er die Hälfte verkauft (1 ½) und noch eine halbe dazu, er hat also zwei Melonen verkauft. Eine ganze Melone blieb ihm übrig, wie es in der Aufgabe steht.

73 Das Zwiebelproblem
Die Bäuerin mußte nur drei Zwiebeln aus der Kammer holen. Es mußten dann zwei Zwiebeln von einer Sorte dabeisein, da es ja nur zwei verschiedene Sorten waren.

74 Auf dem Wochenmarkt
Die Marktfrau hatte 271 Äpfel.

74 Glück für Herrn Knobel
Herr Knobel fiel von der untersten Sprosse.

75 Ilsebills Wunsch

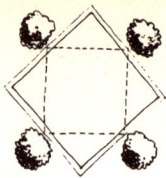

75 Petri Heil
Die Pflanze braucht dazu nur noch einen weiteren Tag.

76 Gärtner Gernot Grabert
Insgesamt werden 17 Bäumchen benötigt, elf für die Reihe mit einem Meter Abstand, sechs für die mit zwei Metern Abstand.

76 Das Tulpenbeet
Diese Geschichte ist frei erfunden, denn Tulpen blühen im Frühling, und Birnen sind erst im Herbst reif.

77 Kirchenernte
Der größere Herr Müller müßte sich auf Herrn Mayers Schultern stellen, denn größere Menschen haben meist auch längere Arme.

Rätselgeschichten für Reisende und Ausflügler

81   **Was muß zuerst geschehen?**
Natürlich das Streichholz anzünden!

81   **Wüstenexpedition**
Der Wissenschaftler muß nur zwei Träger mitnehmen. Der eine kehrt am Ende des ersten Tages um und der andere am Ende des zweiten Tages.

82   **Expedition am Südpol**
Die Forscher müssen 100 Kilometer genau nach Süden gehen.

82   **Amerikas Entdeckung**
Pedro erblickte das Land durch sein Fernrohr... Das ist unmöglich. Erst zu Beginn des 17. Jahrhunderts wurde das Fernrohr überhaupt erfunden.

83   **Picknick mit Hindernissen**
Es waren 900 Ausflügler, die in 100 Wagen mit jeweils neun Personen zum Picknick fuhren.

84   **Hühnerjagd**
Fünf Personen gingen auf die Jagd: ein Vater, dessen zwei Söhne und deren zwei Söhne.

85   **Unterwegs bei sinkender Sonne**
Der Sohn sah schräg nach hinten. Der Schatten des Anhängers, der bei der tiefstehenden Sonne lang war, konnte vom Vordersitz leicht gesehen werden.

86 Reisegesellschaft mit Folgerungen

Für die Lösung entwerfen wir folgende Tabelle: Die Berufe ergeben drei Spalten, die Namen der Herren drei Zeilen.

	Elektriker	Monteur	Ingenieur
Baumann	+	–	–
Eichler	–	–	+
Hahn	–	+	–

Die vier Angaben unserer Aufgabe werden für die Tabelle ausgewertet: Es folgt aus
Angabe a) Baumann: Ingenieur – minus
Angabe b) Hahn: Elektriker – minus
Angabe c) Eichler: Monteur – minus
Angabe d) Hahn: Ingenieur – minus
Damit bleibt für Hahn nur noch der Beruf Monteur unbesetzt. Hahn: Monteur – plus
Da Hahn Monteur ist, kann Baumann nicht auch Monteur sein. Baumann: Monteur – minus
Somit bleibt für Baumann nur noch der Beruf Elektriker. Baumann: Elektriker – plus
Ist Baumann Elektriker, kann Eichler nicht auch Elektriker sein. Eichler: Elektriker – minus
Somit ist Eichler Ingenieur.

87 Im Düsenjet

Das Flugzeug fliegt von Frankfurt nach Berlin. Für den Mann aus Berlin ist es also der Heimflug. Demnach kann seine Zahl – die Anzahl seiner Flüge – nur eine gerade sein! Er fliegt zum 22. Mal diese Strecke. Der Berliner ist die Strecke schon häufiger geflogen.

87 Grenzfall
Unverletzte kommen nicht ins Krankenhaus.

88 Eine Busfahrt im Gebirge
Der Bus mit der Nummer 3 fährt auf den Rastplatz. Dann fahren die beiden Busse 1 und 2 bis dicht an den Bus 4 heran. Bus 3 kann nun vom Rastplatz herunterkommen und seinen Weg ohne Schwierigkeiten fortsetzen. Bus 1 und 2 fahren nun wieder zurück, damit Bus 4 in die Bucht kann. Nun haben sie beide den Weg frei, und nachdem sie vorbeigefahren sind, kann auch Bus 4 weiterfahren.

88 Die Busfahrt
Es sind ihnen zwölf Omnibusse begegnet. Wären sie an der Haltestelle stehengeblieben, so wären sechs Busse angekommen. Da sie den Bussen aber mit der gleichen Geschwindigkeit entgegenfahren, so verkürzt sich die Zwischenzeit zwischen zwei Bussen auf die Hälfte.

89 Im Gummiboot zur Insel
Es sind neun Fahrten erforderlich:
1. beide Jungen hin, 2. Hans zurück, 3. Vater hin, 4. Fritz zurück, 5. beide Jungen wieder hin, 6. Hans zurück, 7. Mutter hin, 8. Fritz zurück, 9. Hans und Fritz hin.

89 Wohin fuhr das Schiff?
Der Frachtdampfer „Oliver" war nach Neufundland unterwegs. Wenn sich das Schiff in westlicher Richtung bewegt, ist der Polarstern an der rechten Schiffsseite, also an Steuerbord.

90 Fahrt auf dem Rhein
Der Kahn kann nie in Rotterdam ankommen, wenn er in Konstanz losfährt, weil der Rheinfall dazwischenliegt.

90 Das Geisterschiff
Da sich die beiden Herren mit dem Rücken an die Reling gelehnt hatten, konnten sie sich sehen.

91 Rätselhafte Reise
Der Rückwärtsgang war eingelegt!

91 Zeitvertreib
Der nächste symmetrische Kilometerstand ist bei 16061 erreicht. Daniels Papa legt die 110 km in zwei Stunden zurück. Er fuhr eine Durchschnittsgeschwindigkeit von 55 km in der Stunde.

92 Autopanne?
Das Loch war im Reserverad!

92 Handwerksburschen auf der Reise
Der Fremde hatte 70 Pfennig bei sich, jeder Handwerksbursche bekam 14 Pfennig.

93 Anjas seltsamer Spaziergang
Lösung: Als Anja am letzten Sonntag spazierenging, da sah sie einen Polizisten; beim Seilspringen, da sah sie eine Feuerspritze; als sie eine Eiswaffel aß, da sah sie eine Katze; als sie ein Lied summte, da sah sie eine kleine Ente; als sie auf einen Baum kletterte, da sah sie eine Amsel; als sie „Himmel und Hölle" spielte, da sah sie einen Drehorgelmann mit seinem Affen.

94 **Vollkommen pleite**
Es waren zehn Ausflügler. Jeder bezahlte 3,75 Mark.

94 **Sigismund im Sauerland**
Sigismund trank genausoviel Kaffee wie Milch, denn ein Sechstel + ein Drittel + ein Halbes ergeben genau ein Ganzes, in diesem Fall eine ganze Tasse voll.

95 **Im Wochenendhaus**
Er goß einfach Wasser in den Behälter. Das Petroleum schwamm oben, und der Docht tauchte hinein.

95 **Zwei Züge und eine Biene**
25 Kilometer, denn die Züge begegnen sich nach einer Stunde.

96 **Ein Eisenbahn-Problem**
Man ist leicht geneigt zu meinen, daß einem die zehn Züge begegnen, die in der Zeit der Fahrt von San Francisco aus starten. Darin steckt ein Fehler. Denn auch die Züge, die in den letzten fünf Tagen in San Francisco gestartet, aber bisher noch nicht in New York eingetroffen sind, sind natürlich ebenfalls auf der Fahrt nach San Francisco zu begrüßen!

96 **Der Landstreicher und der Zug**
Der Landstreicher ging zwischen den Schienen auf einer hohen, schmalen Brücke. An den Seiten war kein Platz zum Stehen. Als er den Zug ihm entgegenkommen sah, war das Ende der Brücke, das vor ihm lag, schneller zu erreichen als das Ende, das hinter ihm lag. Deshalb rannte er dem Zug entgegen, um von der Brücke so schnell wie möglich herunterzukommen.

97 **Ein guter Rat**
Der Direktor verwendet ein zweites Kohlepapier und hat somit zwei Durchschläge.

97 **Wind und Rauch**
Eine Elektrolok fährt ohne Rauch.

98 **Zug-Rätsel**
Nach 20 Minuten sind die Züge genau 60 Kilometer voneinander entfernt.

98 **Sind wir schon hinter Wiesbaden?**
Kurt wußte, daß Wiesbaden einen Sackbahnhof hat. Da er sich in Koblenz so in den Zug gesetzt hatte, daß er vorwärts fuhr, beim Aufwachen aber mit dem Rücken zur Fahrtrichtung saß, merkte er sofort, daß sie schon in Wiesbaden gewesen sein mußten.

99 **Dunkles Geheimnis**
Zwei Minuten – eine für die Lok und eine für den letzten Wagen.

99 **Von Wien nach Berlin**
Rechnen hilft hier wenig: In dem Augenblick, in dem sie sich begegnen, sind beide Züge gleich weit von Berlin entfernt.

Rätselgeschichten aus fernen Ländern und vergangenen Zeiten

103 Welche Blume?
Eine Biene flog zum Fenster herein und setzte sich sogleich auf die einzige echte Blume.

104 Das Rätsel der Sphinx
Ödipus erriet, daß der Mensch des Rätsels Lösung sei: Als Kind (am Morgen) kriecht er auf allen vieren, als Erwachsener (am Mittag) geht er aufrecht auf seinen beiden Beinen, und als Greis (am Abend) geht er am Stock.

105 Der klügste Sohn
Ein Zündholz und eine Kerze hat er gekauft. Das Licht erfüllte das Zimmer.

106 Orientalische Erbschaft
Sie leihen sich ein Kamel. Jetzt sind es 18. Der Älteste bekommt die Hälfte (= 9), der Zweite ein Drittel (= 6), der Letzte ein Neuntel (= 2). Das sind zusammen 17, und sie können das geliehene Kamel wieder zurückgeben.

106 Die Karawane
Achmeds Bündel wurde immer leichter, weil die Träger von der Verpflegung aßen.

107 Die Kameltreiber
Der weise Alte gab den Rat, die Kamele zu tauschen.

108 **In der Dattelverarbeitungsfabrik**
Von seinem Standpunkt aus war der Aufseher durchaus im Recht, denn die „geschickte" Arbeiterin legte mehr Datteln in die Dose, die später zum gleichen Preis wie die anderen Dosen verkauft werden sollte. Sie handelte also durchaus nicht zum Vorteil der Konservenfabrik.

109 **Der rettende Schuß**
Er hat den Hut auf die Mündung seines Gewehrs gehängt, da er ihn nur „irgendwo" aufhängen sollte. So konnte der Schuß nicht danebengehen!

110 **Ladenbrand in Tanger**
Herr Denkfix befestigte außen auf der Schaufensterscheibe ein Stück Papier. Dadurch konnten sich die Sonnenstrahlen nicht mehr im Spiegel sammeln.

111 **Fernweh**
Der Sultan wünschte Schuhe mit Doppelsohlen, zwischen die er Heimaterde füllen konnte.

112 **Der schlaue Dieb**
Der schlaue Dieb mußte eine Aussage machen, die weder richtig noch falsch war. Er sagte: „Ich werde geköpft."

113 **Drei Rosenbüsche**
Weil seine Frau die Nacht über im Haus blieb, war der Rosenbusch, der sie war, nicht feucht vom Nachttau wie die anderen beiden Rosenbüsche.

114 **Die Belohnung**
Die Summe der Goldmünzen:
18 446 744 073 709 551 615

115 Der pfiffige Astrologe
„Ich sterbe genau einen Tag nach Ihnen."

116 Ein kluger Mann
Nun, wenn der Mann die schwarze Todeskugel gezogen und verschluckt hätte, wäre ja eine weiße im Kasten geblieben. Da der böse Minister aber nur schwarze hineinlegte, sah man jetzt natürlich auch nur schwarze im Kasten, und der Mann erklärte:
„Ihr seht, ich habe die weiße gezogen – ihr müßt mich freilassen!" Das mußten sie – denn wer hätte das Gegenteil beweisen können?

117 Drei Ritter und ihr König
Ein Ritter mußte den Pokal mit dem Tablett nehmen.

118 Segen der Kleinstaaterei
Den Lebensunterhalt des fahrenden Gesellen bezahlten die Staatskassen der beiden Länder.

120 Das Schicksal und die Tempeltänzerinnen
Um der Sache näherzukommen, muß man sich in die Lage eines der drei Engländer versetzen und alle Möglichkeiten der Verteilung der Mädchen durchdenken.
1. Möglichkeit: Du siehst hinter B und C je ein braunes Mädchen stehen. Da nur zwei braune Tänzerinnen vorhanden sind, muß hinter dir selbst eine weiße Tänzerin stehen.
2. Möglichkeit: Du siehst hinter B ein braunes und hinter C ein weißes Mädchen. Dann ist folgende Überlegung richtig: Wenn hinter mir selbst ein braunes Mädchen stände, dann müßte C die beiden überhaupt vorhandenen braunen Mädchen hinter B und mir sehen und des-

halb sofort sagen, daß er selbst eine weiße Tänzerin hinter sich habe. Da C dies nicht tut, kann hinter mir nur ein weißes Mädchen stehen.

3. Möglichkeit: Du siehst hinter B und C weiße Mädchen stehen. Wenn hinter dir ein braunes Mädchen stände, müßte B (und natürlich auch C) die gleiche Überlegung anstellen wie du selbst bei der 2. Möglichkeit, d.h. er müßte behaupten, eine weiße Tänzerin hinter sich zu haben. Da dies nicht geschieht, muß hinter dir ebenfalls ein weißes Mädchen stehen. Diese Überlegungen stellte jeder der drei Engländer an, und so kamen sie nach langem Nachdenken zu dem richtigen Schluß, daß der Hüter des Tempels nur weiße Tempeltänzerinnen hinter sie gestellt hatte.

122 Der König und der Alchemist
Falls die Flüssigkeit in der Flasche alles, was sie berührt, vernichtet, würde sich auch die Flasche auflösen.

122 Fotografen und Kannibalen
Ein Kannibale und ein Fotograf setzen über. Der Fotograf kehrt zurück. Zwei Kannibalen setzen über. Ein Kannibale kehrt zurück. Zwei Fotografen setzen über. Ein Kannibale und ein Fotograf kehren zurück. Zwei Fotografen setzen über. Ein Kannibale kehrt zurück. Zwei Kannibalen setzen über. Ein Kannibale kehrt zurück. Zwei Kannibalen setzen über.

123 Heiratspläne
Der junge Mann schrieb: „Behalt sie!"

124 Ein ganz dickes Problem
Der große Indianer war die Mutter des kleinen Indianers.

124 Der Schatzsucher

Herr Lorenz beging zwei Denkfehler. Da jahreszeitlich die Sonne wandert – der Schatten also anders fällt –, ist das Datum zu berücksichtigen. Außerdem ist der Baum in den letzten 20 Jahren gewachsen.

125 Verrücktes Karussell

Das Karussell hätte am Südpol aufgestellt werden müssen.

126 Die Wette

Er klebte die Münze aufs Papier.

127 Schlecht gerechnet

Seine Barschaft betrug 21 Taler. Als sie sich verdoppelte, hatte er 42 Taler. 24 davon mußte er in den Fluß werfen; also hatte er noch 18. Diese verdoppelten sich beim zweiten Mal auf 36 Taler; es blieben ihm nach Abzug der 24 Taler Brückengeld noch 12. Diese 12 Taler verdoppelten sich beim dritten Mal auf 24 Taler, und gerade soviel mußte er haben, um sie dem listigen Teufel zum letzten Mal zu opfern.

128 Die Zauberstäbe

Keiner der Stöcke war ein Zauberstab. Weil die Frau glaubte, daß ihr Stock über Nacht gewachsen war, brach sie zwei Zentimeter ab. Und weil keiner der Stöcke ein Zauberstab war, war ihr Stock der kürzeste.

Rätselgeschichten für Rechenkünstler

133 | Treffpunkt Schule
Die Tochter hatte 40 Minuten früher aus. Vater und Tochter trafen sich zehn Minuten vor dem offiziellen Unterrichtsende. Die Tochter hatte schon einen 30minütigen Fußmarsch hinter sich.

133 | Hohe Mathematik!
Jette ist 21, Till und Nicki sind Zwillinge und 18, Nora ist zwölf, Jan neun und Frau Blume 39.

134 | Wie alt?
Der Sohn bekommt sein Fahrrad mit elf, das Auto mit 22 Jahren.

134 | Treppenstufen
Alexander ist mit dem 83. Schritt oben; mit dem 84. Schritt ist er mit beiden Beinen oben.

135 | Häusliche Komplikationen
Mrs. Jones war die Tochter von Smith und die Nichte von Brown, so daß es sich nur um insgesamt vier Personen handelte. 100 Dollar wurden eingezahlt, 92 Dollar ausgegeben, und bei der Verteilung des übrigen Geldes erhielt jeder 2 Dollar.

135 | Aus der Schneiderwerkstatt
Die Schneiderin muß 99 Schnitte machen, denn die letzten beiden Meter werden durch einen Schnitt geteilt.

136 Wunderbare Freilassung
Die Gefangenen bildeten die Zahl 931, indem sich die Nummer 6 auf den Kopf stellte und sich Nummer 3 und Nummer 1 daneben stellten. Der Richter mußte sie freilassen.

136 Rechenaufgabe
Wenn man fünf Aprikosen genommen hat, hat man eben fünf Aprikosen.

137 Das phantastische Fahrrad
Die scheinbare Antwort – 15 km/h – ist falsch. Die richtige Antwort ist 13 $1/3$ km/h, da Geschwindigkeit als Entfernung geteilt durch Zeit definiert ist.
Nebenbei bemerkt: Die Antwort bleibt unabhängig von der Länge des Berges dieselbe.

137 Schulden
Meier sagte ja, daß er die Hälfte schuldig bleibe.

138 Neunzig Prozent richtig
Die Wahrscheinlichkeit ist gleich Null. Wenn neun Leute ihren eigenen Hut haben, muß auch der zehnte seinen eigenen haben.

138 Ringe
Es gibt 56 Möglichkeiten.

138 Familie Kinderreich
Die Familie zählt sieben Köpfe. Vier Töchter, ein Sohn und die Eltern.

139 Tröpfchenweise
Das Faß wird nie voll, da die tägliche Wasserverdunstung größer ist als der tägliche Wasserzustrom!

139 In der Milchbar
Nach 420 Tagen. 420 ist der kleinste gemeinsame Nenner, die kleinste Zahl, die ohne Rest durch 1, 2, 3, 4, 5, 6 und 7 teilbar ist.

140 Rechnerisches
Drei rote Bälle, 41 blaue Bälle, 56 kleine gelbe Bälle.

140 Arithmetik auf Schleichwegen
Die Mundharmonika kostet 1,05 Mark, der Bleistift kostet 5 Pfennig. Vielleicht hast du gedacht, die Mundharmonika kostet 1 Mark und der Bleistift 10 Pfennig, dann würde aber die Mundharmonika 90 Pfennig mehr kosten als der Bleistift. Damit sie eine Mark teurer ist, muß die Mundharmonika 1,05 Mark kosten und der Bleistift 5 Pfennig, denn 1,05 Mark minus 5 Pfennig ist 1 Mark.

141 Kopfrechnen schwach
Die Wanduhr in der Wachstube wird bei Beginn der ersten Wache auf 12 gestellt. Abgelöst wird immer dann, wenn beide Zeiger wieder übereinanderstehen, also jeweils $1\,{}^{1}/_{11}$ Stunde später.

141 Altersangabe
Olaf ist sieben, Wolfgang 13 Jahre alt.

142 Versteckte Zahlen
Die Dame wurde 80 Jahre alt! Die Zahlen sind in folgenden Wörtern versteckt: Siebengescheite = 7, Elfriede = 11, Elfi = 11, Wachtmeister = 8, Dreier = 3, Polizeirevier = 4, zwei = 2, einsame = 1, Vierlinger = 4, einstmals = 1, Dreigroschenoper = 3, Viertelstündchen = 4, Mitternacht = 8, verzweifelt = 2, drein = 3, achtete = 8.

143 Schulden
Niemals, weil immer die Hälfte der Restschuld bleibt.

143 Falschmünzer
Nur einmal. Greife in die Dose mit dem Etikett „Pfennig und Groschen". Da du weißt, daß alle Dosen falsch beschriftet sind, enthält diese Dose noch einmal die gleiche Münze wie die herausgenommene. Beschrifte diese Dose richtig. Dann vertausche die beiden übrigen Etiketten.

144 Das Geld liegt auf der Straße
Benno hatte 60 Mark und Nina 40.

144 Tilmann Ticker
Von 12 Uhr bis 20 Uhr sind es genau acht Stunden. Die Tischuhr zeigt also 2 Uhr 18 an und schlägt dreimal.

145 Uhrenrätsel
Die Zeiger einer Uhr lassen sich während zwölf Stunden elfmal vertauschen, ohne daß dadurch die Zeit geändert wird. Und zwar immer dann, wenn sie übereinanderstehen. Dies geschieht im Abstand von 65 5/11 Minuten.

145 Noch ein Uhrenrätsel
Es sind inzwischen drei Stunden und 35 Minuten vergangen. Demnach muß es jetzt halb vier sein.

145 Die richtige Uhrzeit
Die Uhr, die steht, zeigt täglich mindestens einmal die richtige Zeit an, die vorgehende frühestens nach 720 Tagen, also erst nach fast zwei Jahren!

146 Pfiffiges mit der Uhrzeit
Andi stellte die Leuchtzeiger der Uhr um eine Stunde vor.

147 Ticktack
Anderthalb Stunden – von 12 Uhr 15 bis 1 Uhr 45. Wenn du die Uhr hast siebenmal schlagen hören, mußt du nicht länger warten, denn der nächste Schlag kann nur 2 Uhr bedeuten.

147 Verschlüsselte Uhrzeit
Es war genau zwei Uhr und 25 Minuten.

147 Sanduhren
Der Uhrensammler dreht beide Uhren um. Nach fünf Minuten dreht er die Fünf-Minuten Uhr um, nach sieben Minuten die Sieben-Minuten-Uhr.
Wenn die Fünf-Minuten-Uhr zum zweiten Mal abgelaufen ist (nach zehn Minuten), enthält die Sieben-Minuten-Uhr in ihrem unteren Teil Sand für drei Minuten. Man dreht sie um und läßt sie ablaufen. Die 13 Minuten sind vorbei!

148 Wie spät ist es?
Es ist 17 Uhr 34, also 26 Minuten vor 18 Uhr. Vor 50

Minuten war es 16 Uhr 44, also eine Stunde und 44 Minuten nach 15 Uhr. Viermal 26 gibt eine Stunde und 44 Minuten.

148 Der mathematische Polizist
Die Unterhaltung fand um 9 Uhr 36 vormittags statt, weil ein Viertel der Zeit seit Mitternacht zwei Stunden und 24 Minuten betragen würde, was, würde es der halben Zeit bis Mitternacht (sieben Stunden und zwölf Minuten) hinzugefügt, 9 Uhr 36 ergeben würde.
Hätte McGuire zu Clancy nicht „Guten Morgen" gesagt, und dadurch gezeigt, daß ihre Unterhaltung am Vormittag stattfand, hätte man annehmen können, daß es nachmittags war, und dann wäre 7.12 p.m. eine ebenso korrekte Antwort (Anm. d. Red.: 7.12 p.m. entspricht 19 Uhr 12).

149 Besuch von Oma
Wenn Klein-Emil sieben Gummibärchen nimmt, bleiben mindestens vier der einen und mindestens drei einer anderen Farbe in der Tüte.

149 Der Erbstreit
Die beiden Söhne stritten sich „um des Kaisers Bart", denn beide behaupteten ja dasselbe, nämlich, daß der Sack sechs Pfund wiegt.

150 Wie viele Blätter hat eine Eiche?
Mechthild sagt einfach: „Das ist schon die zweite Frage!"

151 Pillenschachtel
Es befinden sich darin zwölf grüne, 24 weiße, elf blaue und 19 rote Tabletten.

Rätselgeschichten für Schnelldenker

155 Eine große Mauer
Die Erde würde kein Gramm mehr wiegen, denn das Baumaterial ist ja auch schon auf der Erde.

155 Ein freundliches Mädchen
Sarah sagt: „Jeden Dienstag steht in Ihrem Schaufenster ein Schild mit der Aufschrift ‚Heiße Würstchen'."

156 Maibäume
Die Maibäume sind 10, 15 und 20 m hoch.

156 Eine Grammatikfrage
Der oder das Dotter (beides ist korrekt) ist in Wirklichkeit gelb.

156 Die Geburtstagstorte
Sabrinas Kuchen wiegt ein Kilo. Eine Hälfte wiegt 500 Gramm und die zweite Hälfte wiegt auch 500 Gramm. Stefans Torte muß also zwei Kilo wiegen.

157 Schwierige Kuchenteilung
Der runde Kuchen wird zunächst waagrecht durchgeschnitten (1. Schnitt). Die beiden Hälften bleiben übereinander liegen. Dann wird der Kuchen zweimal senkrecht über Kreuz durchgeschnitten (2. und 3. Schnitt). Damit hat man acht gleich große Kuchenstücke!

157 Münzenaufgabe
Es ist ein Zweimarkstuck.

158 Socken-Chaos
Drei Socken.

158 Konfetti
Keiner. Wenn man das Papier dreimal faltet, bekommt man die achtfache Menge Konfetti.

159 Spaziergang
Anderthalb Kilometer. Danach gehst du aus dem Wald *heraus*.

159 Wellenmachen
Es macht tatsächlich einen Unterschied. Ein gesunkener Gegenstand verdrängt sein Volumen, während ein schwimmender Gegenstand sein Gewicht verdrängt. Da der Stein schwerer ist als das gleiche Volumen an Wasser (sonst würde er nicht untergehen), wird der Wasserspiegel höher steigen, wenn man ihn in das Boot legt.

159 Peters Traum
Peter sollte so schnell wie möglich aufwachen, damit sein Alptraum aufhört.

160 Alles naß
Fülle den Drei-Tassen-Behälter und gieße ihn in den Fünf-Tassen-Behälter. Fülle den Drei-Tassen-Behälter nochmals und fülle daraus den Fünf-Tassen-Behälter auf. Leere den Fünf-Tassen-Behälter und gieße die verbliebene Tasse aus dem Drei-Tassen-Behälter hinein. Dann fülle den Drei-Tassen-Behälter und gieße ihn zu der Tasse, die bereits im Fünf-Tassen-Behälter ist. Das Ergebnis sind die gewünschten vier Tassen.

160 Das Frühstücksei
Die Bäuerin hielt Enten und aß jeden Morgen Enteneier.

160 In Nachbars Garten
Ein Hahn legt keine Eier!

161 Sitzordnung
Es gäbe 40 320 verschiedene Möglichkeiten (1 x 2 x 3 x 4 x 5 x 6 x 7 x 8). Das Ausprobieren würde 672 Stunden dauern. Das wären 28 Tage.

161 Der Goldfisch
Nein, das Gewicht des Glases auf der Waage ändert sich nicht, denn der Fisch wird immer mitgewogen, egal, ob er gerade schwimmt oder auf dem Boden liegt.

162 Gut dosiert
Ja. Laß das Wasser in den Dosen gefrieren, bevor du es in den großen Behälter füllst.

162 Prügelstrafe
Herr Kräftig meint Pulsschläge.

163 Frau Windsacks Geschenk
Professor Windsack sagt, daß er seiner Frau einen Goldring schenken wird.

163 Geheimnisvolle Krankheit
Es ist die Seekrankheit gemeint.

163 Der perplexe Patient
Vier Stunden. Du nimmst die erste Pille sofort, nicht erst eine halbe Stunde später.

164 Seemannsgarn?
In der Bar sitzen noch ein Mann und eine Frau.

164 Wahr oder falsch?
Stell eine unsinnige Frage, z.B.: „Bist du ein Rhinozeros?" Oder stell eine Frage, deren Antwort du überprüfen kannst, z.B.: „Regnet es gerade?"

165 Merkwürdige Gäste
Ein Lügner. Eine Wahrheits-Sagerin kann nicht sagen, sie sei eine Lügnerin, weil sie nicht lügen kann. Eine Lügnerin kann nicht sagen, sie sei eine Lügnerin, weil sie nicht die Wahrheit sagen kann. Also hat dein neuer Bekannter gelogen.

165 Wer ist wer?
Der Junge hat rotes Haar, das Mädchen schwarzes. Es gibt vier mögliche Kombinationen: wahr-wahr, wahr-falsch, falsch-wahr, falsch-falsch.
Die erste Möglichkeit ist es nicht, da mindestens eine Aussage falsch ist.
Auch die zweite oder dritte ist es nicht, da, wenn ein Kind lügt, das andere nicht die Wahrheit sagen kann.
Also ergibt sich die vierte: Beide lügen.

166 Grabungen
Acht Tage.

166 Tiefschürfende Frage
So etwas wie ein halbes Loch gibt es nicht.

166 Welcher Wochentag?
Es ist Samstag.

167 Köpfchen, Köpfchen!

Sie steigt an der 1. Bushaltestelle aus, so kann sie gleich nach Hause. Fährt sie bis zur 2. Haltestelle, so kommt zu der Zeit, in der sie geht, noch die Fahrzeit von der 1. zur 2. Haltestelle hinzu!

167 Waagenrätsel

Christoph legt auf jede Waagschale drei Kugeln. Sind sie im Gleichgewicht, muß die schwere Kugel unter den drei restlichen Kugeln sein. Nun legt er zwei von den drei Kugeln, unter denen sich die schwere Kugel befinden muß, in die Waagschalen. Zeigt sich hier nicht, welches die schwere Kugel ist, dann muß es die letzte Kugel sein.

168 Die Geburtstagseinladung

Max hat am 29. Februar Geburtstag, den es nur alle vier Jahre gibt.

168 Der Schlangenbeschwörer

Die Schlange ist sechs Meter lang. Drei Meter und ihre halbe Länge (= 3 m) sind sechs Meter.

169 Hochseilakt

Die Seiltänzerin trägt die Tennisbälle in einem Körbchen auf dem Kopf!

169 Gibt es Wunderteller?

Sebastian hat Nüsse gegessen und je mehr er gegessen hat, desto mehr Schalen liegen auf dem Teller.

170 Wie kann das sein?

Es ist sein Name „Felix".

170 Die Fahrradpanne
Benny wäre mit dem Fahrrad viermal schneller gewesen.

171 Das Selbstbildnis
Das Bild sah dem Maler nur ähnlich, weil er beim Malen in einen Spiegel geschaut und somit sein Spiegelbild gemalt hatte. Da in einem Spiegel alles seitenverkehrt erscheint und die beiden Gesichtshälften eines Menschen nie ganz gleich aussehen, stimmte das Portrait nicht.

171 Die gerechte Teilung
Von den sieben vollen Flaschen bekommt jeder zwei Flaschen, eine bleibt übrig. Ebenso werden die sieben leeren und die sieben halbvollen aufgeteilt. Es bleiben also insgesamt eine volle, eine halbvolle und eine leere Flasche zu teilen übrig. Die volle Flasche gießt man zur Hälfte in die leere. Damit erhält man drei halbvolle, von denen jede Person eine bekommt. Somit hat jeder gleich viele Flaschen und gleich viel Wein.

172 Weitsicht
Der Hirte kann bis zum Mond sehen.

172 Religiöse Bedeutung?
Damit es nicht hereinregnet.

173 Susis Geburtstag
Susi hat am 31. Dezember Geburtstag und feierte ihre Party am 1. Januar.

173 Ausflug der Angler
Es waren Großvater, Vater und Sohn. Der Vater ist zugleich auch der Sohn des Großvaters.

Rätselgeschichten für Hobby-Detektive

177 Das Geständnis
Der Schiffer hat nur nach der Herrin gerufen, nicht nach dem Herrn, denn diesen konnte er ja nicht mehr rufen, und das wußte nur er.

178 Verbrechen und Verwirrung
Wenn du annimmst, daß Alice der Übeltäter war, sind Barbaras und Marthas Aussagen wahr. Wenn du annimmst, daß Betsy schuldig ist, sind Alices, Barbaras und Marthas Aussagen wahr. Wenn du annimmst, daß Martha der Dieb ist, sind Betsys und Barbaras Aussagen wahr. Daher ist Barbara der Übeltäter, und nur Marthas Aussage ist wahr.

178 Ein Ring wird gefunden
Der Bademeister hatte durch einen Blick auf Edis Hände festgestellt, daß diese ganz gleichmäßig gebräunt waren. Hätte Edi aber den Ring ständig am Finger gehabt, wie er behauptete, so hätte sich an dem betreffenden Finger eine weiße Stelle befinden müssen.

179 Mord beim Skilaufen
Der Rechtsanwalt hatte bei dem Angestellten für sich einen Hin- und Rückflugschein, für seine Frau aber nur einen einfachen Flugschein gekauft.

180 · Der Geldfälscher betrügt den Optiker

Herr Optikermeister Brillenschlau hat nur 50 Mark Verlust, und der ist in zwei Tagen ausgeglichen.

Schlimm genug, aber doch nicht so schlimm, wie der Meister errechnet hat. Er hat lediglich den Preis für die Lupe und das Wechselgeld verloren. Den falschen Fünfziger hat er ja nur einmal zu ersetzen.

181 · Seltsame Vorgänge beim Springbrunnen

Die Dame hatte einen Schluckauf, und ihr Chef versuchte sie davon zu befreien, indem er ihr einen Schrecken einjagte.

182 · Wer war der Täter?

Der Unfallwagen war grau, es kann also nicht der Opel Rekord gewesen sein; der Wagen mit der Berliner Nummer war rot – es bleibt somit nur der Citroën, der aus Wittlage kam. Herr Blodau hat einen VW, kann also nicht der Citroën-Fahrer sein; Herr Lautenbach kennt den Citroën-Fahrer, kann es also nicht selbst sein – es bleibt somit nur die Kunststudentin Fräulein Martling übrig.

183 · Der gefährliche Traum

Woher soll Frau Schulz den Traum kennen, da Frau Kurz im Augenblick des Erwachens gestorben ist?

184 Die schöne Tänzerin
Maria gab an, auf die Couch getragen worden zu sein und sie danach nicht verlassen zu haben. Trotzdem gab es Staubspuren auf ihrem Verband. Der einzige unordentliche Raum des Hauses war der Speicher. Also war es klar, daß sie noch einmal auf dem Speicher war, nachdem sie den Verband bekommen hatte. Wie sich später herausstellte, hatte sie dort den Schmuck versteckt.

186 Sherlock Holmes' Schülerin
Er hatte angeklopft, was man ja an der Tür des eigenen Zimmers bestimmt nicht tut.

187 Der überlistete Karo
Herr Schäufele hatte es mit dem Festbinden entschieden zu gut gemeint. Der Landstreicher brauchte Karo nur zu reizen und dann um den Baum zu rennen, bis die Leine völlig um den Stamm gewickelt war. So mußte Karo zähnefletschend zusehen, wie der Landstreicher Herrchens Rucksack mitnahm.

188 Lügengeschichte
Ein dreibeiniger Tisch kann nicht wackeln.

188 Der Radfahrer
Es war Tag. Der Mond steht auch tagsüber am Himmel.

189 Die gestohlene Uhr
Der kleine Mann im grauen Anzug kam ja gerade aus New York und hatte seine Uhr noch nicht auf Frankfurter Zeit umgestellt. Damit aber war klar, daß der Gefaßte tatsächlich der Uhrenräuber war.

190 Das gestohlene Auto
Das Pflaster unter dem Auto war naß. Wäre das Auto schon am Vormittag dort abgestellt worden, als noch Sonnenschein war, hätte unter dem Auto ein trockener Fleck sein müssen. Es regnete viel zu kurz, als daß das Wasser bis unter das Auto hätte dringen können.

191 Autodiebstahl
Die Frau ist keine Hellseherin, das Auto gehört ihr.

192 Aufpaß-Geschichte
Mittags gibt es keine langen Schatten.

193 Eine Geheimschrift ist der Schlüssel zum Schatz
VON GROSSER EICHE RICHTUNG WESTEN BIS ZUM KREUZ!

194 Überfall!
Daß der „Überfall" nur vorgetäuscht war, erkannte Fordney an der Behauptung von Mrs. Clark, sie habe ein Diamantdiadem getragen. Keine Frau trägt nachmittags um drei Uhr ein Schmuckstück, das nur zur festlichsten Abendgarderobe gehört. Der Vorfall entpuppte sich als ein versuchter Versicherungsbetrug.

196 Fordneys alter Trick
Fordney hatte befürchtet, daß es im Dunkeln Schwierigkeiten geben könnte, die Männer festzunehmen. Sein ausgebeulter Rucksack enthielt nichts anderes als einen Pinsel und einen Topf roter Farbe, mit der er die Bank stellenweise bepinselte. Natürlich merkten die beiden Verdächtigen nicht, daß ihre Kehrseite gut sichtbar markiert wurde.

198 Der Reporter mit den Glacéhandschuhen
Wenn Pilter die Brille tatsächlich vor einer Woche schon verloren hätte, wären ihre Gläser viel staubiger und schmutziger gewesen als an dem Morgen, als Sullivan sie fand.

200 Der verschreckte Butler
Wenn sich Burton tatsächlich in der Standuhr versteckt hätte, wäre ihr Pendel angehalten worden. Aber eine stehende Uhr fängt nicht zehn Minuten später zu schlagen an. Offenbar hatte Burton einen Grund für seine Lügengeschichte.

202 Neues aus dem Hauptseminar
Da Diana von Geburt an blind war, konnte sie in diesem Augenblick unmöglich eine bestimmte Farbe erkennen. Sie hätte die verschiedenen Farbwörter erst lernen müssen.

Quellen nachweis

Die Beiträge stammen aus folgenden Büchern:

Helga Biebricher: Scherzfragen, Rätsel, Schüttelreime.
© 1982 by Rowohlt Taschenbuch Verlag GmbH, Reinbek.
Seiten 96 o, 189, 192

Lothar Dehner: Wer quizelt mit? (RTB 152, vergriffen).
Ravensburger Buchverlag. © Lothar Dehner.
Seite 52 u, 89 u

Sam Loyd/Martin Gardner: Mathematische Rätsel und Spiele.
© bei Martin Gardner. Deutsche Textrechte: DuMont Buchverlag, Köln, 1978
Seiten 31 u, 37, 65 u, 67, 83, 135 o, 148 u

Martin Gardner: Rätsel und Denkspiele.
© Verlag Ullstein GmbH, Berlin.
Seiten 9, 10 o, 15 o, 15 u, 18 o, 20, 22 u, 51 u, 52 o, 58 o, 64 o, 65 m, 72 u, 93, 98 o, 124 o, 140 u, 163 o, 179, 181

Dieter Gellermann: Die Reise um die Rätselwelt.
© 1988 Union Verlag, Stuttgart.
Seiten 75 u, 76 o, 94 u, 144 u, 145 m 145 u

H. A. Ripley: „Wer ist der beste Detektiv?" Deutsche Textrechte:
DuMont Buchverlag, Köln, 1989
Seiten 184, 194, 196, 198, 200, 202

K. H. Schneider (Hrsg.): Rätselspiele, Quiz- und Scherzfragen für gesellige Stunden.
© Falken-Verlag GmbH, Niederhausen/Ts.
Seiten 11, 16 o, 17, 21 o, 32 u, 33, 44, 64 u, 82 o, 85, 86, 87 u, 95 o, 104, 115, 116, 120, 183, 186, 187, 188 o

K. H. Schneider: Kunterbunte Rätseltruhe.
© 1987 Edition Aktuell GmbH, 5750 Menden 2.
Seite 182

Walter Blüm: Kniffeln, Knobeln, Nüsse knacken.
© bei Hanni Blüm.
Seiten 12, 14 u, 36 o, 47, 48, 49 u, 59, 70, 71, 72 o, 73, 90 u, 97 u, 108, 110, 118, 149 u, 150, 178 u, 180

Bruno Horst Bull (Hrsg.): Ratespaß – für jeden was.
© beim Herausgeber.
Seiten 13, 39, 40 o, 42 o, 92 u, 125, 171 u, 190

Bruno Horst Bull: Das Riesen-Rätsel-Rennmobil.
© 1987 by Annette Betz Verlag, Wien-München.
Seiten 23, 45, 46, 50, 97 o, 127, 141 o, 142, 146, 193

James Fixx: Rätsel und Gedankenspiele mit Seitensprung.
© DuMont Buchverlag, Köln, 1984
Seiten 14 o, 62 o, 68 m, 91 o, 98 m, 122 u, 137 o, 138 o, 143 u, 147 o, 158 o, 159 m, 160 o, 162 o, 162 u, 164 u, 165 o, 165 u, 166 m, 178 o

Uta Kiegeland (Hrsg.): Leselöwen-Schülerbuch.
© Loewes Verlag, Bindlach.
Seiten 41 o, 41 m, 65 o, 99 o, 188 u

Manuel/Kämpf: Rätsel-Ei rund ums Landleben.
(RTB 970, vergriffen).
Ravensburger Buchverlag. © Jeitner-Hartmann für Text.
Seiten 63 o, 69 u, 133 u, 134 o, 138 u, 141 u, 164 o

para: Raten macht Spaß. (RTB 17).
© Ravensburger Buchverlag.
Seiten 26 u, 84, 131, 137 u, 172 o

George Shannon: Wie war das? Rätselgeschichten aus aller Welt.
© 1987 by Verlag Sauerländer, Aarau.
Seiten 61 o, 103, 105, 113, 128, 177

WITZ & QUIZ

12 ↑ 9

Bernd Flessner

Total genial!

RTB 3003

Über 500 Quizfragen zum Raten, Staunen und Lachen. Teste dein Wissen, allein oder zusammen mit Freunden! Beeindrucke deine Umwelt mit schlauen Fragen! Oder führe sie mit einer Scherzfrage aufs Glatteis. Und für den Notfall gibt's einen Lösungsteil mit den richtigen Antworten.
ab 10

para

Rätselrunde

RTB 3017

Ein tolles Rätselbuch mit 240 Rätseln aller Art! Trainiere deine grauen Zellen mit Kreuzwort-, Silben-, Rechen- oder Buchstabenrätseln. Entschlüssle Rebusse und Knobelrätsel gemeinsam oder allein. Ein Fall für schlaue Köpfe!
ab 10